공부머리보다 운동머리가 먼저다

공부머리보다
운동머리가
먼저다

프롤로그

운동, 아이의 미래를 바꾸는 최고의 투자

"XX! 집에 갈 거야!"

제주도에서 주짓수 체육관을 막 오픈했던 10년 전, 첫 수업날 초등학교 1학년 남학생의 입에서 나온 말입니다. 수업이 시작되자마자 그 아이는 얼굴이 붉어지더니 갑자기 소리를 질렀습니다. 당황스러웠지만, 그 아이의 눈에서 두려움과 불안을 읽을 수 있었습니다.

오늘, 그 아이는 어떻게 되었을까요?

10년이 지난 지금, 그 아이는 여전히 제 체육관에서 주짓수를 배우고 있습니다. 그런데 놀랍게도 누구보다 착하고, 솔선수범하며, 무엇보다 적극적인 학생으로 성장했습니다. 작은 몸으로 욕설을 내뱉던 그 아이가, 이제는 후배들을 이끌고 도움이 필요한 친구들을 먼저 챙기는 리더가 되었습니다.

이것이 바로 제가 10년간 2,000명이 넘는 제주의 아이들을 가르치며 관찰한 '운동의 힘'입니다.

"선생님, 우리 아이는 공부할 시간도 부족한데 운동까지 시킬 여유가 없어요."
"시험 끝나면 운동 보내드릴게요."
"말 안 들어서 오늘은 못 가겠어요."
"말 잘 들으면 보내주기로 했어요."

체육관을 운영하며 학부모님들로부터 가장 많이 듣는 말들입니다. 이런 말들 속에는 하나의 공통된 인식이 있습니다. '운동'은 '공부'보다 덜 중요하다는 생각, 심지어 보상이나 처벌의 수단으로 여겨지는 경우도 많다는 것입니다.

하지만 과연 그럴까요?

저는 10년간의 경험을 통해 확신하게 되었습니다. 운동은 단순한 신체 활동이 아닙니다. 오히려 아이의 인생을 바꾸는 최고의 투자입니다. 공부만으로는 배울 수 없는, 삶을 살아가는 데 필요한 가장 중요한 가치들을 아이들은 운동을 통해 배워갑니다.

첫 수업에서 욕설을 내뱉던 아이가 어떻게 변할 수 있었을까요?

주짓수를 배우면서 그 아이는 자신을 보호할 수 있다는 자신감을 얻었습니다. 점점 두려움이 사라졌고, 실수와 실패를 통해 인내심을 배웠습니다. 매 수업마다 조금씩 기술이 향상되는 것을 경험하면서 노력의 가치를 깨달았습니다. 무엇보다, 자신보다 약한 동료를 배려하고 돕는 과정에서 리더십과 책임감을 키웠습니다.

이런 변화는 그 아이뿐만이 아닙니다.

자신감이 부족해 항상 고개를 숙이고 다니던 아이, 집중력이 부족해 수업시간에 늘 지적받던 아이, 친구들과 어울리지 못하고 혼자 지내던 아이… 주짓수를 통해 그들 모두 놀라운 변화를 경험했습니다. 그리고 그 변화는 체육관 안에만 머무르지 않고 학교생활, 가정생활, 그리고 그들의 미래까지 영향을 미치고 있습니다.

어쩌면 우리 부모들은 지금, 아이의 미래를 위해 잘못된 곳에 투자하고 있는지도 모릅니다.

영어 학원, 수학 학원, 코딩 학원… 이런 사교육들이 아이의 학업 성취에 도움을 줄 수는 있습니다. 하지만 삶을 살아가는 데 정말 필요한 인내심, 자신감, 회복탄력성, 협동심, 리더십은 어디서 배우게 될까요?

공부를 잘하는 것만으로 성공적인 삶이 보장되지 않는 시대입니다. 4차 산업혁명 시대, AI가 인간의 많은 일자리를 대체하고 있는 지금, 우리 아이들에게 정말 필요한 역량은 무엇일까요?

저는 그것이 바로 운동을 통해 얻을 수 있는 '정신적 자산'이라고 확신합니다.

이 책에서 저는 10년간 제주도에서 주짓수 체육관을 운영하며 목격한 아이들의 변화와, 그 변화를 만든 원리들을 나누고자 합니다. 또한 부모님들이 어떻게 아이의 운동을 효과적으로 지원하고, 그 가치를 극대화할 수 있는지에 대한 실질적인 방법도 함께 나눌 것입니다.

첫 수업에서 욕설을 내뱉던 그 아이를 통해, 저는 운동의 진정한 가치를 깨닫게 되었습니다. 아이의 작은 성장이 모여 큰 변화를 이루는 과정을 지켜보면서, 제 자신도 많은 것을 배웠습니다. 체육관은 단순히 기술을 가르치는 공간이 아니라, 인생의 중요한 교훈들을 나누는 배움터라는 것을 말입니다.

아이들은 처음에는 대부분 두려움과 불안을 안고 체육관에 옵니다. 낯선 환경, 새로운 도전, 실패에 대한 두려움… 이런 감정들이 아이들의 첫 걸음을 방해합니다. 그러나 점차 안전한 환경에서의 반복된 경험과 작은 성취들이 쌓이면서, 아이들은 자신감을 얻고 변화하기 시작합니다.

이 변화의 과정은 마치 나비의 변태와도 같습니다. 고치 속에서

치열한 변화의 과정을 거친 애벌레가 아름다운 나비로 다시 태어나듯, 운동을 통한 도전과 극복의 과정은 아이들을 더 강하고, 더 지혜로우며, 더 겸손한 존재로 성장시킵니다.

"선생님, 저희 애가 운동을 시작한 후로 정말 달라졌어요."

이런 말을 들을 때마다 저는 가르치는 보람을 느낍니다. 실제로 많은 학부모님들이 아이의 변화에 놀라워하며 감사를 표현합니다. 처음에는 단순히 체력 향상을 목적으로 아이를 보냈다가, 예상치 못한 정신적, 사회적 성장을 목격하게 되는 것이죠.

요즘 우리 사회는 어릴 때부터 아이들에게 과도한 학업적 압박을 가하는 경향이 있습니다.

'빨리 배워야 한다.'
'남보다 앞서야 한다.'
'좋은 대학에 가야 한다.'

이런 압박 속에서 아이들은 진정한 배움의 즐거움과 성장의 기쁨을 잊어버리기 쉽습니다.

그러나 운동, 특히 주짓수와 같은 활동은 아이들에게 '과정'의 중요성을 가르칩니다. 매일의 작은 진전, 때로는 실패와 좌절, 그리고 그것을 극복하는 과정에서 얻는 성취감… 이 모든 경험들이 모여 아이의 내면에 단단한 정신적 근육을 형성합니다.

이런 정신적 근육은 어떤 학원비로도 살 수 없는, 어떤 과외로도 얻을 수 없는 귀중한 자산입니다. 그것은 평생 아이를 지탱하고 어떤 도전도 극복할 수 있게 하는 내적 힘의 원천이 됩니다.

제가 10년간 체육관을 운영하며 2,000명이 넘는 아이들을 가르치면서 가장 놀라웠던 것은, 아이들의 변화 속도와 적응력이었습니다. 어른들이 새로운 습관을 형성하거나 마음가짐을 바꾸는데 오랜 시간이 걸리는 반면, 아이들은 적절한 환경과 지도 아래에서 놀라울 정도로 빠르게 변화합니다.

한 학기만에, 때로는 몇 주만에도 아이의 태도와 행동에 눈에 띄는 변화가 생기는 경우를 자주 목격했습니다. 이것은 아이 시기가 얼마나 중요한 성장의 시간인지, 그리고 이 시기에 올바른 경험과 가치관을 심어주는 것이 얼마나 중요한지를 다시 한번 깨닫게 해줍니다.

그렇기에 저는 더욱 확신합니다. 운동, 특히 주짓수와 같은 전인적 활동은 아이의 미래를 위한 최고의 투자라는 것을. 그리고 그 투자의 시기는 바로 지금이라는 것을.

자, 이제 시작합니다. 아이의 미래를 바꾸는 가장 강력한 투자, 운동의 진정한 가치를 발견하는 여정을.

목차

프롤로그 • 6

1장 | 운동보다 학원이 더 중요하지 않을까?

운동은 비용이 아닌 투자: 같은 돈으로 10배 가치 얻기 • 18
사교육으로만 해결되지 않는 아이의 성장 요소 • 19
운동과 학업 성취의 상관관계: 과학이 증명하는 사실 • 20
현대 사회에서 진정으로 필요한 역량 • 23
미래 사회가 요구하는 인재상 변화 • 25
같은 돈을 써도, 몇 배의 가치를 얻는 부모의 비밀 • 26
학원 vs 운동: 투자 대비 수익률 비교 • 27
단기 투자 vs 장기 투자: 교육의 진정한 가치 • 28
시험 점수 vs 인생 점수: 장기적 관점의 교육 • 29
운동이 아이에게 미치는 실제 효과 • 30
주짓수 훈련과 자신감 향상의 연결고리 • 32
주짓수와 학업의 시너지 효과: 실제 사례 • 34
운동을 시키는 부모와 그렇지 않은 부모의 결정적 차이 • 35
부모의 교육관과 가치관의 차이 • 37
부모님을 위한 실천 가이드: 자녀의 균형 있는 성장을 위한 7단계 • 39
운동, 평생의 자산이 되는 투자 • 43

2장 | 운동이 아이를 어떻게 변화시킬까?

주짓수란 무엇인가? • 48
실패를 두려워하지 않는 회복탄력성 형성 • 54
작은 성취가 큰 변화를 만드는 메커니즘 • 60
문제 해결 능력 발달의 놀라운 사례 • 63
주짓수가 가르치는 감정 조절과 인내심 • 65
운동을 통한 정신적 성장: 주짓수가 가르치는 삶의 지혜 • 67
자신감과 자아존중감의 건강한 발달 • 70
운동을 통한 정신적 자산의 평생 가치 • 72

3장 | 운동이 미래 성공의 토대를 만드는 이유

자기관리와 시간관리: 성공의 핵심 요소 • 80
주짓수의 고유한 특성과 그 독특한 가치 • 83
도전정신과 변화 적응력: 현대 사회의 필수 역량 • 85
협력과 사회성: 성공적인 인간관계의 기초 • 87
스포츠와 비즈니스의 공통점: 규칙, 반복, 승리 • 90
운동 철학이 인생 전략이 되는 과정 • 94
실제 성공 사례: 주짓수를 통해 얻은 평생의 자산 • 99
운동이 경제적 성공으로 이어지는 과학적 근거 • 103
평생의 자산: 운동을 통해 얻는 지속 가능한 경쟁력 • 107
부모님을 위한 실질적 조언 • 109

4장 | 성공한 사람들이 운동을 놓지 않는 이유

세계적 리더들의 선택: 왜 그들은 운동을 필수로 여기는가? • 118
생산성과 성과의 비밀: 운동이 '최고의 성과'를 이끄는 방법 • 123

회복탄력성: 성공의 핵심 요소를 키우는 운동의 힘 • 127
일상의 필수 요소: 운동을 생활화하는 사람들의 특별한 시각 • 132
소통과 성장의 장: 운동을 통한 부모와 아이의 관계 발전 • 134
평생의 자산: 운동을 통해 얻는 정신적 가치의 지속성 • 141

5장 | 우리 아이에게 맞는 운동은 무엇일까?

운동 선택의 중요성과 기준 • 154
모든 성향의 아이들에게 적합한 주짓수 • 158
주짓수 시작의 최적 시기와 준비 • 166
주짓수의 특별한 교육적 가치 • 171
운동 선택의 기준: 아이의 성장과 배움의 기회 • 178
주짓수를 통한 놀라운 변화: 실제 사례 • 180
흔한 오해와 올바른 이해 • 183
부모님의 역할: 아이의 운동 여정 지원하기 • 187
다음 단계: 운동을 시작하기 위한 준비 • 191
주짓수, 미래를 위한 최고의 투자 • 192

6장 | 운동과 학업, 두 마리 토끼를 잡는 방법

운동과 학업 병행의 현실적 고민들 • 198
효과적인 시간 관리: 전략과 실천 방법 • 199
지속적인 운동 참여를 위한 동기부여 전략 • 204
시험 기간과 운동: 균형 잡기 • 208
부모의 역할: 운동 효과 극대화를 위한 지원 방법 • 211
성공적인 병행 사례: 실제 이야기 • 214
운동과 학업의 시너지: 장기적 시각으로 바라보기 • 217
균형 있는 성장의 여정 • 219

7장 | 운동을 평생의 습관으로 만드는 법

평생의 습관: 인식의 중요성 • 224
연령대별 운동 습관 형성의 심리학적 이해 • 229
가족의 영향력: 환경이 만드는 차이 • 233
가족 운동 문화 만들기: 실천 전략 • 237
디지털 시대의 도전: 스크린 타임 vs 운동 시간 • 240
어린 시절부터 성인까지: 지속의 힘 • 244
중단에서 재시작까지: 운동 습관 회복하기 • 250
운동이 삶의 철학이 될 때: 진정한 변화의 순간 • 257
평생의 자산: 세대를 넘어 이어지는 운동의 가치 • 262
학부모와 성인 운동 입문자들의 자주 묻는 질문 • 267
평생의 자산을 쌓는 여정: 지금 시작하기 • 277
평생의 선물 • 280

에필로그 • 284

1장

운동보다 학원이 더 중요하지 않을까?

운동은 비용이 아닌 투자: 같은 돈으로 10배 가치 얻기

"우리 아이 이번에 수학 성적이 떨어졌어요. 주짓수 시간을 줄이고 학원을 하나 더 보내야 할까요?"

체육관을 운영하는 동안 학부모님들로부터 가장 많이 듣는 질문 중 하나입니다. 이런 질문 속에는 우리 교육 현실에서 많은 부모님들이 느끼는 불안과 고민이 담겨 있습니다. 성적이 떨어지면 자연스럽게 학원을 더 보내야 한다는 생각, 그리고 운동은 학업에 방해가 된다는 인식이 깔려 있습니다.

하지만 과연 그럴까요?

10년간 2,000명이 넘는 아이들을 가르치며 관찰한 결과, 저는 오히려 정반대의 결론에 도달했습니다. 장기적으로 봤을 때, 운동을 꾸준히 한 아이들은 학업 성적도 좋을 뿐만
아니라, 삶을 살아가는 방식과 태도가 더 적극적이고 긍정적이었습니다. 이는 단순한 우연이 아닙니다.
운동은 비용이 아닌 투자입니다. 그것도 같은 돈으로 학원보다 몇 배의 가치를 얻을 수 있는 현명한 투자입니다.

사교육으로만 해결되지 않는 아이의 성장 요소

한국의 교육 현실에서 많은 부모님들은 아이들에게 다양한 학원을 보내고 있습니다. 영어, 수학, 과학, 코딩 등 지식을 쌓기 위한 투자를 아끼지 않습니다. 물론 이러한 지식은 중요합니다. 하지만 아이가 성인이 되어 사회에서 성공적으로 살아가기 위해 필요한 모든 것을 학원에서 배울 수 있을까요?

생각해 보십시오. 한 아이가 영어, 수학, 과학, 코딩 학원을 모두 다녀도 배우지 못하는 것들이 있습니다.

- 실패를 마주했을 때의 회복탄력성(역경에서 다시 일어서는 능력)
- 고통과 좌절을 이겨내는 인내심
- 목표를 향해 꾸준히 나아가는 끈기
- 타인과 협력하는 능력
- 리더십
- 자신감
- 스트레스 관리 능력
- 감정 조절 능력
- 신체적 건강과 체력
- 자기 규율과 시간 관리 능력

이런 역량들은 단순히 지식을 습득하는 것으로는 얻기 어렵습니다. 오히려 이러한 능력들은 아이가 다양한 도전과 어려움을 직접 경험하고 극복하는 과정에서 발달합니다. 그리고 운동은 이러한 경험을 안전하게 제공하는 최적의 환경입니다.

운동과 학업 성취의 상관관계: 과학이 증명하는 사실

운동이 학업 성취에 긍정적인 영향을 미친다는 것은 단순한 인상이나 개인적 경험이 아닌, 과학적으로 입증된 사실입니다. 여러 연구 결과들을 체계적으로 살펴보겠습니다.

1. 운동과 뇌 발달의 과학적 연관성

하버드 의과대학의 존 레이티 박사는 그의 저서 『스파크Spark』에서 운동이 뇌에 미치는 영향을 상세히 설명했습니다. 그에 따르면, 규칙적인 운동은 다음과 같은 효과가 있습니다:

- 뇌-유래 신경영양인자BDNF 생성 촉진: BDNF는 쉽게 말해 '뇌의 영양제'라고 할 수 있는 단백질로, 뉴런(신경세포)의 성장과 생존에 필수적입니다. 이는 학습 능력과 기억력 향상에 직접적인 영향을 미칩니다.
- 전전두엽 피질 활성화: 전전두엽 피질은 집중력, 의사결정, 계획 능력 등 '실행 기능'을 담당하는 뇌 영역입니다. 운동은 이 영역

의 활동을 증가시켜 학습 효율을 높입니다.
- 해마 발달 촉진: 해마는 기억 형성에 중요한 역할을 하는 뇌 영역으로, 운동을 통해 그 크기와 기능이 향상됩니다.

코펜하겐 대학의 연구팀은 20분간의 중강도 운동 후 언어 학습 능력이 20% 향상된다는 사실을 발견했습니다. 이는 운동이 단순히 체력 향상만이 아니라, 인지 기능 개선에도 직접적인 영향을 미친다는 증거입니다.

2. 운동과 학업 성적의 상관관계에 관한 통계적 증거

미국 질병통제예방센터(CDC)가 50개 이상의 연구를 분석한 결과, 체육 활동과 학업 성취 사이에는 긍정적인 상관관계가 있음이 확인되었습니다. 구체적으로:
- 규칙적으로 운동하는 학생들은 그렇지 않은 학생들보다 평균적으로 GPA(학점)가 10~15% 높았습니다.
- 특히 수학과 읽기 영역에서 더 높은 성취도를 보였습니다.
- 운동 시간이 증가해도 학업 성적이 저하되지 않았으며, 오히려 대부분의 경우 향상되었습니다.

일리노이 대학의 연구진이 발표한 논문에서는, 규칙적인 유산소 운동이 집중력, 계획 능력, 의사 결정 등 고차원적 인지 기능을 담당하는 뇌의 전전두엽 피질 활동을 증가시킨다는 사실을 밝혔습니다.

3. 운동의 심리적, 정서적 효과

네덜란드 VU 대학의 에스더 하르텐버그 교수팀은 운동이 스트레스 호르몬인 코르티솔 수준을 감소시키고, 긍정적인 기분을 유발하는 엔도르핀과 도파민 같은 신경전달물질의 분비를 촉진한다는 연구 결과를 발표했습니다. 이는 다음과 같은 효과로 이어집니다:

- 스트레스와 불안 감소
- 우울증 증상 완화
- 자존감 향상
- 집중력 증가
- 학습 동기 향상

이러한 심리적, 정서적 효과는 학업 성취에도 긍정적인 영향을 미칩니다. 스트레스가 적고 정서적으로 안정된 아이들은 학습에 더 집중할 수 있기 때문입니다.

교육심리학자 캐롤 드웩 Carol Dweck 은 그녀의 연구에서 운동이 '성장 마인드셋' Growth Mindset'(능력이 노력과 학습을 통해 발전할 수 있다고 믿는 사고방식)을 발달시키는 데 효과적이라고 설명합니다. 성장 마인드셋을 가진 아이들은 어려운 문제에 직면했을 때 더 끈기 있게 노력하고, 실패를 배움의 기회로 여기는 경향이 있습니다.

현대 사회에서 진정으로 필요한 역량

세계경제포럼(WEF)이 발표한 「미래 직업 보고서」에 따르면, 2025년까지 가장 필요한 역량은 다음과 같습니다:

1. 분석적 사고와 혁신
2. 적극적 학습 전략
3. 복잡한 문제 해결 능력
4. 비판적 사고와 분석
5. 창의성, 독창성, 주도성
6. 리더십과 사회적 영향력
7. 기술 활용 능력
8. 회복탄력성, 스트레스 관리, 유연성
9. 논리적 추론과 문제 해결
10. 감정 지능

이 목록에서 주목할 점은, 단순한 지식이나 기술보다는 복합적인 인지 능력, 사회적 능력, 그리고 정서적 능력이 강조된다는 것입니다. 미래 사회에서 성공하기 위해 필요한 역량이 더이상 단순한 지식 축적이 아니라, 복잡한 상황에서 문제를 해결하고, 다양한 사람들과 효과적으로 협력하며, 역경을 극복하는 능력임을 시사합니다.

맥킨지 글로벌 연구소의 보고서에 따르면, 2030년까지 자동화로 인해 전 세계적으로 약 8억 개의 일자리가 사라질 것으로 예측됩니다. 이는 단순 반복적인 업무가 AI와 로봇으로 대체된다는 의미입니다. 반면, 창의성, 문제 해결 능력, 대인관계 능력, 감정 지능과 같은 인간 고유의 역량을 필요로 하는 직업은 오히려 증가할 것으로 예상됩니다.

교육 혁신가 켄 로빈슨 경(Sir Ken Robinson)은 "현재 초등학교에 입학하는 아이들의 65%는 현재 존재하지 않는 직업에서 일하게 될 것"이라고 말했습니다. 이는 아이들이 단순히 지식을 습득하는 것보다, 변화에 적응하고 새로운 것을 배우는 능력을 키우는 것이 더 중요하다는 것을 의미합니다.

미래학자 알빈 토플러(Alvin Toffler)는 "21세기의 문맹은 읽고 쓸 줄 모르는 사람이 아니라, 배우고 해체하고 다시 배우는 방법을 모르는 사람이 될 것"이라고 예견했습니다. 이는 지속적인 학습 능력과 적응력의 중요성을 강조합니다.

이런 맥락에서 운동, 특히 주짓수와 같은 활동은 미래 사회에서 필요한 역량을 키우는 데 이상적인 환경을 제공합니다. 주짓수는 매 순간 변화하는 상황에 적응하고, 문제를 창의적으로 해결하며, 실패로부터 배우는 능력을 키워줍니다.

미래 사회가 요구하는 인재상 변화

4차 산업혁명으로 대표되는 현대 사회는 단순 반복적인 일은 AI와 자동화가 대체하고, 창의적 사고와 복잡한 문제 해결 능력을 갖춘 인재를 필요로 합니다. 2016년 알파고와 이세돌의 대결은 단순 지식과 계산 능력으로는 AI를 이길 수 없음을 보여주었습니다.

미래 사회에서 경쟁력을 갖추기 위해서는 끊임없이 변화하는 환경에 적응하고, 새로운 것을 배우며, 복잡한 문제를 해결할 수 있는 능력이 필요합니다. 이런 능력들은 학원에서 배우는 지식보다는 다양한 경험과 도전, 실패와 극복의 과정을 통해 길러집니다.

주짓수는 이런 측면에서 탁월한 교육적 가치를 제공합니다. 매번 다른 상대와 훈련하며 상황에 맞게 전략을 수정하고, 실시간으로 문제를 해결하는 과정은 미래 사회에 필요한 적응력과 창의적 사고를 기르는 데 이상적인 환경입니다.

글로벌 기업 구글의 전 CEO 에릭 슈미트는 "오늘날 성공하기 위해 필요한 것은 IQ가 아니라 학습 민첩성 Learning Agility"이라고 말했습니다. 학습 민첩성이란 새로운 환경에서 빠르게 학습하고 적응하는 능력을 의미합니다. 주짓수와 같은 격투 스포츠는 끊임없이 변화하는 상황에 대응해야 하므로, 이러한 학습 민첩성을 자연스럽게, 그리고 효과적으로 키울 수 있는 환경을 제공합니다.

같은 돈을 써도, 몇 배의 가치를 얻는 부모의 비밀

한 달에 20만원. 이는 일반적인 학원 한 곳의 월 수강료이기도 하고, 주짓수와 같은 운동을 배우는 비용이기도 합니다. 그런데 같은 20만원을 투자해도, 그 효과는 크게 다를 수 있습니다.

학원에서 아이는 특정 과목의 지식을 얻습니다. 물론 이것도 중요합니다. 하지만 운동에서 아이는 그보다 훨씬 다양한 것들을 얻습니다. 체력 향상은 기본이고, 자신감, 인내심, 목표 설정 능력, 시간 관리 능력, 대인 관계 기술, 리더십 등 삶의 모든 영역에서 필요한 핵심 역량들을 함께 배웁니다.

경제학적 관점에서 보면, 이는 '투자 다각화'와 '복리 효과'를 동시에 얻는 것과 같습니다. 하나의 과목 지식만 얻는 것보다, 다양한 역량을 동시에 개발하는 것이 장기적으로 더 큰 가치를 창출합니다.

더구나 이러한 역량들은 특정 상황이나 시기에만 유용한 것이 아니라, 평생 동안 아이의 성공과 행복에 기여하는 자산이 됩니다. 이것이 바로 같은 비용으로 몇 배의 가치를 얻는 현명한 부모의 비밀입니다.

학원 vs 운동: 투자 대비 수익률 비교

투자의 관점에서 볼 때, 학원과 운동은 서로 다른 수익 구조를 가지고 있습니다. 학원은 주로 단기적이고 직접적인 결과(시험 점수, 성적 향상 등)를 목표로 하는 반면, 운동은 장기적이고 포괄적인 역량 발달에 초점을 맞춥니다.

예를 들어, 아이가 수학 학원에 다니면 수학 성적이 오를 수 있습니다. 이는 분명 중요한 성과입니다. 하지만 아이가 주짓수를 배우면 집중력, 문제 해결 능력, 인내심이 향상되고, 이는 수학뿐만 아니라 모든 과목, 그리고 더 나아가 삶의 다양한 영역에서 성과로 이어질 수 있습니다.

실제로 제 체육관에 다니는 초등학교 6학년 지훈이(가명)의 사례를 보면, 주짓수를 시작한 지 1년 만에 학교 성적이 전반적으로 향상되었습니다. 지훈이의 아버지는 "아이가 주짓수를 통해 배운 '포기하지 않는 자세'가 학업에도 큰 영향을 미쳤다"고 말씀하셨습니다. 무엇보다도, 이러한 태도는 특정 학년이나 과목에 국한되지 않고, 평생 지속되는 자산이 될 것입니다.

또 다른 중요한 차이점은 학습의 지속성입니다. 많은 학생들이 시험이 끝나면 학원에서 배운 내용을 쉽게 잊어버리는 경우가 많습니다. 반면, 운동을 통해 발달한 체력, 자신감, 인내심 등은 훨씬 오래 지속되며, 지속적으로 강화되는 경향이 있습니다.

단기 투자 vs 장기 투자: 교육의 진정한 가치

많은 부모님들이 당장의 시험 점수나 성적표에 집중하는 경향이 있습니다. 물론 이해할 수 있는 부분입니다. 현실적으로 학교에서의 성취가 중요하기 때문입니다. 하지만 진정한 교육의 가치는 10년, 20년 후 아이가 어떤 사람이 되어 있느냐에 있습니다.

부모님들도 경험하셨을 겁니다. 학창 시절에는 공부를 잘했던 친구가 사회에 나가서는 별다른 성과를 내지 못하는 경우, 반대로 학업 성적이 그리 좋지 않았던 친구가 사회에서 성공하는 경우를요. 이 차이는 어디에서 생길까요?

미국의 교육 철학자 존 듀이 John Dewey는 "교육은 삶을 준비하는 과정이 아니라, 삶 그 자체"라고 했습니다. 아이들에게 필요한 것은 단순히 시험에서 높은 점수를 받는 능력이 아니라, 행복하고 의미 있는 삶을 살아갈 수 있는 역량입니다.

하버드 대학의 교육학 교수인 토니 와그너 Tony Wagner는 그의 저서 '이노베이터 양성하기 Creating Innovators'에서 "부모와 교육자들이 아이들에게 가르쳐야 할 가장 중요한 것은 호기심, 협력, 비판적 사고, 효과적인 의사소통 능력"이라고 강조했습니다. 이러한 능력들은 주로 교과서나 강의를 통해서가 아니라, 직접적인 경험과 도전을 통해 발달합니다.

핀란드 교육 전문가 파시 살베르그 Pasi Sahlberg는 "진정한 교육의 목적은 표준화된 테스트 점수가 아니라, 아이들이 자신의 잠재력을 발견하고 발휘할 수 있도록 하는 것"이라고 주장합니다. 이는 한국의 교육 현실에서 특히 깊이 생각해볼 가치가 있는 관점입니다.

운동, 특히 주짓수와 같은 격투 스포츠는 이러한 장기적 교육 가치를 제공하는 데 탁월합니다. 주짓수는 지속적인 문제 해결과 적응을 요구하며, 협력과 존중의 가치를, 그리고 실패로부터 배우는 법을 가르칩니다.

시험 점수 vs 인생 점수: 장기적 관점의 교육

"시험 점수냐, 인생 점수냐."

이것은 우리가 아이의 교육을 바라볼 때 던져야 할 중요한 질문입니다. 물론 단기적으로는 시험 점수가 중요할 수 있습니다. 하지만 장기적으로 봤을 때, 아이의 인생 전체에 영향을 미치는 것은 '인생 점수'입니다.

운동을 꾸준히 한 아이들은 대부분 체력도 좋고, 적극적이며, 긍정적인 태도를 가집니다. 특히 새로운 것에 대한 두려움이 적다는 특징이 있습니다. 이런 특성들은 아이가 성인이 되어 직업 세계에 진출했을 때 엄청난 강점이 됩니다.

체육관을 10년 가까이 운영하면서 수많은 아이들의 변화를 직접 목격했습니다. 규칙적으로 운동하는 아이들은 그렇지 않은 아이들보다 집중력이 높고, 스트레스 관리도 더 잘하는 경향이 있습니다. 이는 단순한 우연이 아닙니다. 운동은 단순히 신체 건강뿐만 아니라 인지 능력과 정서적 안정에도 큰 영향을 미칩니다.

운동이 아이에게 미치는 실제 효과

운동이 학업 성취에 긍정적인 영향을 미친다는 것은 제가 10년간 체육관을 운영하며 직접 목격한 사실입니다. 특히 주짓수를 배우는 아이들에게서 다음과 같은 변화를 관찰했습니다:

1. 집중력 향상

주짓수는 상대방의 움직임에 지속적으로 집중해야 하는 운동입니다. 순간의 방심이 패배로 이어질 수 있기 때문에, 아이들은 자연스럽게 집중력을 발달시킵니다. 이 집중력은 학업에서도 큰 도움이 됩니다.

신경과학적으로 볼 때, 이는 운동이 뇌의 전전두엽 피질의 기능을 향상시키기 때문입니다. 전전두엽 피질은 집중력, 계획 능력, 충동 조절 등 '실행 기능 executive function'을 담당하는 뇌 영역입니다. 주짓수와 같은 복잡한 운동은 이 영역의 발달을 촉진합니다.

2. 문제 해결 능력 발달

주짓수에서는 매순간 상대방의 공격에 대응하고, 자신의 전략을 세워야 합니다. 이는 복잡한 문제를 해결하는 과정과 유사합니다.

문제 해결 능력의 향상은 주짓수 훈련의 본질적 특성과 관련이 있습니다. 주짓수에서는 똑같은 상황이 두 번 다시 오지 않기 때문에, 아이들은 계속해서 새로운 문제에 직면하고 이를 해결하는 과정을 경험합니다. 이러한 경험은 유연한 사고와 창의적인 문제 해결 능력을 발달시킵니다.

3. 자기 조절 능력 향상

주짓수는 감정을 조절하면서 전략적으로 움직여야 하는 운동입니다. 아이들은 패배했을 때 감정을 통제하고, 승리했을 때 겸손함을 유지하는 법을 배웁니다.

미국 스탠퍼드 대학의 심리학자 월터 미셸Walter Mischel의 유명한 '마시멜로 실험'은 자기 조절 능력이 아이의 미래 성공을 예측하는 중요한 지표임을 보여주었습니다. 어린 시절 즉각적인 만족을 지연시킬 수 있는 아이들이 나중에 학업적으로나 사회적으로 더 성공적인 경향이 있었습니다.

주짓수와 같은 격투 스포츠는 아이들의 자기 조절 능력 발달에 이상적인 환경을 제공합니다. 매트 위에서 아이들은 즉각적인 감정적 반응(화, 좌절, 과도한 흥분 등)을 조절하는 법을 배우게 됩니다. 이러한 능력은 학업 상황에서도 큰 도움이 됩니다. 어려운 과제에 직면했을 때 침착함을 유지하고, 장기적인 목표를 위해 즉각적인 만족을 지연시키는 능력은 학업 성공의 중요한 요소입니다.

4. 신체적 건강과 뇌 기능 향상

규칙적인 운동은 심폐 기능을 강화하고, 면역 체계를 활성화하며, 건강한 체중 유지에 도움을 줍니다. 건강한 신체는 학습 능력의 기본 토대입니다.

캘리포니아 대학UCLA의 신경과학자 마이클 메리노프 박사는 "건강한 신체는 건강한 두뇌를 만든다"고 강조합니다. 그의 연구에 따르면, 규칙적인 운동은 뇌의 혈류량을 증가시켜 뉴런에 산소와 영양분을 더 효율적으로 공급합니다. 이는 인지 기능 향상으로 이어집니다.

특히 주목할 점은 운동이 뇌의 신경가소성neuroplasticity (뇌가 새로운 경험과 학습에 적응하여 구조적으로 변화하는 능력)을 증가시킨다는 것입니다. 이는 새로운 정보를 더 쉽게 학습하고 기억할 수 있게 해줍니다.

주짓수 훈련과 자신감 향상의 연결고리

주짓수가 아이들의 자신감을 향상시키는 데 특히 효과적인 이유는 무엇일까요? 여러 요인이 있지만, 가장 중요한 것은 '점진적 성취 경험'입니다.

주짓수에서는 작은 성취가 계속해서 이루어집니다. 처음에는 간단한 동작부터 시작해, 점차 복잡한 기술로 발전해 갑니다. 이 과정에서 아이들은 "나도 할 수 있다"는 자신감을 쌓아갑니다. 특히 처음에는 어렵게 느껴졌던 기술을 마스터했을 때의 성취감은 엄청납니다.

또한 주짓수는 '실패를 받아들이는 법'을 가르칩니다. 매트 위에서 아이들은 수없이 많은 실패를 경험합니다. 하지만 그 실패가 배움의 과정이라는 것을 이해하게 되면, 실패에 대한 두려움이 줄어들고 더 적극적으로 도전하게 됩니다. 이러한 경험은 학업에서도 마찬가지로 적용됩니다. 어려운 문제에 부딪혔을 때, "이건 너무 어려워"라고 포기하는 대신 "이건 아직 내가 충분히 연습하지 않은 부분이야"라고 생각하게 됩니다.

실제로 심리학 연구에 따르면, 자신감은 '자기 효능감self-efficacy'의 발달과 밀접한 관련이 있습니다. 자기 효능감이란 특정 과제를 성공적으로 수행할 수 있다는 자신의 능력에 대한 믿음을 말합니다. 심리학자 알버트 반두라Albert Bandura는 자기 효능감이 높은 사람은 도전적인 목표를 설정하고, 어려움에 직면했을 때 더 끈기 있게 노력하는 경향이 있다고 설명합니다.

주짓수는 이러한 자기 효능감 발달에 이상적인 환경을 제공합니다. 아이들은 주짓수 훈련을 통해 자신의 능력이 노력에 따라 향상

될 수 있다는 것을 직접 체험하게 되고, 이는 자기 효능감의 핵심 요소입니다. 이렇게 발달된 자기 효능감은 학업을 포함한 다양한 영역으로 확장됩니다.

주짓수와 학업의 시너지 효과: 실제 사례

준호(가명)는 다른 운동을 2년 동안 했지만 큰 변화가 없어서 주짓수를 배우러 온 초등학교 5학년 남학생이었습니다. 처음 체육관에 왔을 때 준호는 자신감이 없고 굉장히 쑥스러움이 많은 아이였습니다. 눈을 잘 마주치지 못하고, 질문을 해도 작은 목소리로 간신히 대답하는 모습이었습니다.

저는 그저 준호에게 즐겁고 재미있게 주짓수를 가르쳤습니다. 성취할 수 있는 작은 목표들을 세우고, 그것을 달성할 때마다 크게 칭찬해 주었습니다. 그리고 실수해도 괜찮다는 것, 실패가 배움의 과정이라는 것을 계속해서 알려주었습니다.

놀라운 변화는 3개월 후에 찾아왔습니다. 어느 날 준호의 학교 선생님으로부터 전화가 왔습니다.

"선생님, 혹시 준호에게 특별한 교육을 하고 계신가요? 아이가 너무 달라졌어요. 자신감이 넘치고 수업 시간에 적극적으로 참여하는 모습이 놀랍습니다. 발표도 자원해서 하고, 어려운 문제도 포기하지 않고 도전하는 모습이 정말 달라졌어요."

저는 그저 즐겁고 재미있게 운동을 가르쳤을 뿐이라고 말씀드렸습니다. 그런데 더 놀라운 소식은 그로부터 한 달 후에 들려왔습니다. 준호의 어머니께서 감사하다며 연락을 주셨는데, 아이의 성적이 올랐다는 것이었습니다.

"선생님, 준호가 이번 학기 수학과 과학 성적이 많이 올랐어요. 학원을 더 보낸 것도 아닌데, 공부하는 태도가 완전히 달라졌어요. 예전에는 조금만 어려워도 바로 포기했는데, 이제는 '할 수 있다'는 자신감으로 끝까지 도전하더라고요. 주짓수를 시작한 후로 집중력도 좋아지고, 무엇보다 스스로 공부하는 시간이 늘었어요."

준호의 사례는 단순한 우연이 아닙니다. 많은 학생들이 주짓수를 통해 자신감과 끈기를 얻고, 이것이 학업 성취도 향상으로 이어지는 것을 수없이 목격했습니다. 이는 운동이 아이의 정신적, 정서적 발달에 미치는 긍정적 영향의 결과입니다.

운동을 시키는 부모와 그렇지 않은 부모의 결정적 차이

저는 수많은 학부모님들을 만나왔습니다. 그 중에서도 운동을 아이 교육의 중요한 부분으로 인식하고 꾸준히 지원하는 부모님들의 아이들은 분명한 차이를 보였습니다.

장기적 관점의 교육관

운동을 중요시하는 부모님들은 아이의 교육을 단기적인 성과가 아닌 장기적인 성장의 관점에서 바라봅니다. 시험 점수보다 아이의 전인적 발달에 관심을 두며, 지식 습득뿐만 아니라 인성, 태도, 능력 등 다양한 측면의 성장을 중요시합니다.

다양한 경험의 중요성 인식

이런 부모님들은 아이에게 다양한 경험의 기회를 제공하는 것을 중요하게 생각합니다. 책상에 앉아 공부하는 시간뿐만 아니라, 몸을 움직이고, 다양한 상황을 경험하며, 여러 사람들과 상호작용하는 기회가 아이의 성장에 필수적이라고 믿습니다.

미국의 소아과 의사이자 교육 전문가인 켄 긴스버그(Ken Ginsburg) 박사는 "아이들의 건강한 발달을 위해서는 균형 잡힌 활동이 필요하다"고 강조합니다. 그는 특히 비구조화된 놀이 시간과 신체 활동의 중요성을 역설하며, 이러한 활동이 창의성, 사회성, 그리고 정서적 회복탄력성 발달에 필수적이라고 말합니다.

실패에 대한 건강한 태도

운동을 지원하는 부모님들은 아이의 실패를 두려워하지 않습니다. 오히려 실패를 통해 배우고 성장하는 기회로 여기며, 아이가 도전하고 실패하더라도 그것을 통해 배울 수 있도록 지원합니다.

심리학자 캐롤 드웩Carol Dweck의 연구에 따르면, 부모가 아이의 결과보다 과정과 노력을 칭찬할 때, 아이들은 더 높은 성취동기와 회복탄력성을 보인다고 합니다. 이는 실패를 배움의 기회로 여기는 '성장 마인드셋Growth Mindset'을 발달시키는 데 중요한 요소입니다.

제가 학생들에게 항상 강조하는 것은 "실패는 배움의 과정"이라는 점입니다. 아이들은 매트 위에서 수많은 실패를 경험하지만, 그 과정에서 더 강해지고 지혜로워집니다. 한 번은 작은 대회에서 패배한 학생이 눈물을 흘리며 다가왔을 때, 저는 그 아이에게 "오늘의 패배가 내일의 승리를 위한 밑거름이 될 거야"라고 말해주었습니다. 6개월 후, 그 아이는 다음 대회에서 우승했고, 이전의 실패에서 많은 것을 배웠다고 말했습니다.

부모의 교육관과 가치관의 차이

운동을 중요시하는 부모님들은 교육을 단순히 좋은 성적을 위한 수단으로 보지 않습니다. 그들은 교육의 목적이 시험 점수나 명문대 입학이 아니라, 행복하고 자기주도적인 삶을 살 수 있는 역량을 키우는 것이라고 생각합니다.

일본의 교육학자 마코토 시즈키Makoto Shizuki는 그의 저서 『배움의 본질』에서 "진정한 교육의 목적은 시험에서 좋은 점수를 받는 것이 아니라, 아이가 자신의 강점과 가능성을 발견하고, 이를 세상에 기여할 수 있도록 돕는 것"이라고 말했습니다. 이러한 관점에서 볼 때, 운동은 아이가 자신의 잠재력을 발견하고 발휘할 수 있는 중요한 통로입니다.

교육 혁신가 켄 로빈슨Sir Ken Robinson은 TED 강연에서 "현대 교육의 문제는 아이들의 다양한 재능과 가능성을 키우기보다는, 표준화된 시험을 위한 준비에 초점을 맞추고 있다"고 지적했습니다. 그는 교육이 아이들의 창의성과 다양성을 존중하고 발전시켜야 한다고 주장합니다.

이런 부모님들은 아이의 전인적 발달, 즉 지적, 신체적, 정서적, 사회적 발달의 균형을 중시합니다. 그들은 아이가 다양한 경험을 통해 자신의 강점과 약점을 발견하고, 자신만의 길을 찾아갈 수 있도록 지원합니다.

반면, 운동보다 학업만을 강조하는 부모님들은 종종 현재의 교육 시스템과 사회적 기준에 더 많은 가치를 둡니다. 그들은 당장의 성적과 시험 결과가 아이의 미래를 결정한다고 생각하며, 이에 모든 시간과 자원을 투자합니다.

제가 만난 한 학부모님은 "처음에는 저도 아이의 학업만 중요하게 생각했어요. 하지만 아이가 주짓수를 시작하면서 달라진 모습을 보고 생각이 바뀌었습니다. 이제는 아이의 균형 잡힌 성장이 더 중요하다고 느껴요."라고 말씀하셨습니다. 이처럼 많은 부모님들이 아이의 변화를 직접 목격하면서 교육관이 변하는 경우가 많습니다.

현명한 부모는 두 가지 접근법의 균형을 찾습니다. 학업도 중요하지만, 그것만으로는 충분하지 않다는 것을 이해하고, 아이의 전인적 발달을 위해 운동과 같은 비학업적 활동의 가치를 인정하고 지원합니다.

부모님을 위한 실천 가이드: 자녀의 균형 있는 성장을 위한 7단계

아이의 균형 있는 성장을 위해 부모님들이 실천할 수 있는 구체적인 방법을 소개합니다:

1. 자녀의 관심사와 강점 파악하기

모든 아이는 각자 다른 관심사와 강점을 가지고 있습니다. 자녀와 함께 다양한 활동을 경험해보고, 어떤 활동에서 아이가 즐거움과 성취감을 느끼는지 관찰해보세요. 주짓수, 축구, 태권도, 농구, 수영 등 다양한 운동 중에서 아이가 진정으로 즐길 수 있는 활동을 찾는 것이 중요합니다.

• 실천 방법:

한 달에 한 번씩 새로운 활동을 함께 체험해보세요. 아이가 흥미를 보이는 활동이 있다면, 단기 체험 프로그램이나 무료 체험 수업에 참여해 보는 것도 좋은 방법입니다.

2. 일관된 참여를 위한 환경 조성하기

운동의 효과는 꾸준한 참여에서 비롯됩니다. 아이가 선택한 활동에 규칙적으로 참여할 수 있는 환경을 조성해주세요. 이는 고정된 일정을 만들고, 필요한 장비를 준비하며, 수업이나 연습에 빠지지 않도록 지원하는 것을 포함합니다.

• 실천 방법:

가족 캘린더에 운동 일정을 표시하고, 모든 가족 구성원이 이를 존중하도록 합니다. 학업과 운동 사이의 균형을 위해 주간 일정표를 만들어보세요.

3. 과정과 노력에 초점 맞추기

결과보다 과정과 노력에 초점을 맞추어 칭찬해주세요. "너는 정말 똑똑하구나"와 같은 결과 중심의 칭찬보다는, "네가 그 기술을 익히기 위해 얼마나 열심히 노력했는지 보니 정말 뿌듯하구나"와 같이 과정과 노력을 인정하는 칭찬이 아이의 성장 마인드셋 발달에 도움이 됩니다.

• 실천 방법:

매일 저녁 식사 시간이나 취침 전에 '오늘의 도전'을 공유하는 시간을 가져보세요. 아이가 어떤 어려움에 부딪혔는지, 어떻게 극복하려고 노력했는지에 대해 대화하며, 그 노력 자체를 인정해주세요.

4. 균형 잡힌 일정 관리하기

학업과 운동, 그리고 여가 시간이 균형을 이루도록 일정을 관리해주세요. 과도한 학업 스케줄은 아이의 신체적, 정서적 건강에 부정적인 영향을 미칠 수 있습니다. 적절한 휴식과 놀이 시간도 중요하다는 것을 기억하세요.

• 실천 방법:

'균형 바퀴 Balance Wheel' 활동을 해보세요. 큰 원을 그리고 여러 부분(학업, 운동, 취미, 가족/친구와의 시간, 휴식 등)으로 나눈 후, 각 영역에 할애하는 시간을 표시해보세요. 이를 통해 현재 생활이 얼마나 균형 잡혀 있는지 시각적으로 확인할 수 있습니다.

5. 실패를 학습의 기회로 활용하기

아이가 실패했을 때, 이를 학습과 성장의 기회로 활용하세요. "왜 실패했니?"라고 묻기보다는 "이 경험에서 무엇을 배웠니? 다음에는 어떻게 하면 더 잘할 수 있을까?"와 같은 질문을 통해 반성과 성장을 도모하세요.

• 실천 방법:

'실패 일지'를 만들어보세요. 아이가 경험한 실패, 그로부터 배운 점, 그리고 다음에 어떻게 더 잘할 수 있을지에 대한 계획을 함께 작성해보세요. 이를 통해 실패가 끝이 아니라 성장의 한 과정임을 이해할 수 있습니다.

6. 부모도 함께 참여하기

아이에게 운동의 중요성을 가르치고 싶다면, 부모님도 함께 참여하는 것이 효과적입니다. 가족이 함께하는 운동 활동은 아이에게 건강한 생활 습관의 중요성을 직접 보여줄 수 있는 좋은 방법입니다.

• 실천 방법:

주말마다 가족 운동 시간을 정해보세요. 공원 산책, 자전거 타기, 수영 등 온 가족이 함께 즐길 수 있는 활동을 선택하세요. 또는 부모님이 자녀와 같은 운동을 배우는 것도 좋은 방법입니다.

7. 장기적 관점 유지하기

당장의 시험 점수나 성적보다 아이의 장기적인 성장과 행복에 초점을 맞추세요. 운동을 통해 얻는 자신감, 끈기, 문제 해결 능력 등은 평생 동안 아이에게 도움이 될 소중한 자산입니다.

• 실천 방법:
'미래 편지' 활동을 해보세요. 10년 후의 자녀에게 보내는 편지를 작성하며, 어떤 가치와 역량을 가진 사람으로 성장하기를 바라는지 생각해보세요. 이를 통해 장기적 관점의 교육 목표를 세울 수 있습니다.

운동, 평생의 자산이 되는 투자

아이의 교육에 투자하는 부모님들의 마음은 모두 같습니다. 우리 아이가 행복하고 성공적인 삶을 살기를 바라는 마음이지요. 그리고 그 마음을 실현하기 위해 많은 노력과 비용을 투자합니다.

학원에 투자하는 것도 중요합니다. 하지만 운동에 투자하는 것은 더 큰 가치를 가질 수 있습니다. 왜냐하면 운동을 통해 아이가 얻는 자신감, 끈기, 도전 정신, 리더십 같은 역량들은 평생 동안 아이의 성공과 행복에 기여하는 자산이 되기 때문입니다.

더구나 이런 역량들은 어떤 직업을 갖게 되더라도, 어떤 환경에 처하게 되더라도 유용하게 활용될 수 있습니다. 특히 미래 사회는 빠르게 변화하고 있으며, 지금의 교육 방식으로는 예측할 수 없는 미래에 대비하기 어려울 수 있습니다. 그러나 운동을 통해 길러진 적응력, 문제 해결 능력, 협력 능력 등은 어떤 미래가 와도 아이가 성공적으로 대응할 수 있게 해줄 것입니다.

UFC 전 챔피언이자 현재 성공적인 사업가인 랜디 쿠처[Randy Couture]는 "레슬링과 주짓수는 제게 삶의 모든 것을 가르쳐 주었습니다. 목표 설정, 인내, 팀워크, 그리고 가장 중요한 것은 결코 포기하지 않는 정신이었습니다. 이러한 가치들이 옥타곤 안에서의 성공뿐만 아니라 사업가로서의 성공에도 밑거름이 되었습니다."라고 말했습니다.

물론, 운동만 하면 된다는 것은 아닙니다. 학업도 중요합니다. 하지만 학업과 운동이 균형을 이룰 때, 아이는 더 큰 성장을 이룰 수 있습니다. 그리고 그 균형을 찾는 것이 바로 부모의 역할일 것입니다.

노벨 경제학상 수상자이자 교육 경제학자인 제임스 헤크만[James Heckman]은 "인지적 능력(학업 성취)과 비인지적 능력(자기 규제, 끈기, 사회성 등)이 균형 있게 발달할 때, 개인은 인생에서 가장 큰 성공을 거둘 수 있다"고 주장합니다. 그의 연구에 따르면, 이러한 비인지적 능력은 학업 성취 못지않게, 때로는 그보다 더 강력하게 개인의 장기적 성공을 예측한다고 합니다.

"아이의 성공과 행복을 위해 무엇을 해줄 수 있을까?"라는 질문에 직면한 모든 부모님들께 저는 자신 있게 말씀드립니다. "운동에 투자하세요. 특히 주짓수와 같이 전인적 성장을 도모하는 운동은 아이에게 평생의 자산이 될 것입니다."

핵심 포인트

1. **투자 관점:** 운동은 비용이 아닌 평생의 자산을 쌓는 투자입니다.

2. **전인적 성장:** 학원에서는 배울 수 없는 회복력, 인내심, 목표 설정 능력, 자신감과 같은 역량을 운동을 통해 발달시킬 수 있습니다.

3. **균형 발달:** 아이의 지적 성장과 정서적, 신체적 성장이 균형을 이룰 때 진정한 발전이 이루어집니다.

4. **시험 점수 vs 인생 점수:** 단기적 학업 성취보다 장기적 관점의 삶의 역량 개발이 더 중요합니다.

5. **같은 비용, 다른 가치:** 학원과 같은 비용으로 운동에 투자할 때 훨씬 더 큰 가치와 효과를 얻을 수 있습니다.

6. **미래 준비:** 4차 산업혁명 시대에 필요한 역량은 단순 지식이 아닌 적응력, 창의성, 문제 해결 능력입니다.

7. **성장 마인드셋:** 운동은 아이들이 도전과 실패를 통해 성장하는 '성장 마인드셋'을 발달시키는 데 이상적인 환경을 제공합니다.

8. **실증적 효과:** 다양한 연구와 실제 사례들이 운동이 학업 성취를 포함한 아이의 전인적 발달에 긍정적인 영향을 미친다는 것을 보여줍니다.

9. **실행 가능한 전략:** 자녀의 균형 있는 성장을 위한 구체적인 실천 방법을 통해 바로 시작할 수 있습니다.

10. **장기적 자산:** 운동을 통해 얻은 역량은 평생 동안 아이의 성공과 행복에 기여하는 귀중한 자산입니다.

2장

운동이 아이를 어떻게 변화시킬까?

아이들이 운동을 시작하면 부모님들은 보통 체력 향상, 건강 증진, 그리고 올바른 체형 발달과 같은 신체적 효과를 기대합니다. 물론 이런 효과들도 매우 중요합니다. 하지만 제가 10년 넘게 아이들을 가르치면서 발견한 가장 놀라운 변화는 신체가 아닌 마음의 영역에서 일어납니다. 운동, 특히 주짓수와 같은 무도 스포츠를 통해 아이들은 다른 어떤 활동으로도 얻기 힘든 독특한 정신적 자산을 얻게 됩니다.

주짓수란 무엇인가?

주짓수^{Jiu-Jitsu}는 브라질에서 발전한 무술로, '부드러운 기술'이라는 의미를 담고 있습니다. 일본 전통 무술에 뿌리를 두고 있으며, 특히 브라질 주짓수^{BJJ}는 상대방과의 근접 거리에서 관절기와 조르기 등의 기술을 사용하는 지상 기술에 중점을 둡니다. 체격이나 힘의 우위보다는 지렛대의 원리와 기술적 숙련도를 활용하여 상대방을 제압하는 것이 핵심입니다.

주짓수의 가장 큰 특징은 실전적인 훈련 방식입니다. 대부분의 훈련은 실제 상대방과의 대련(스파링)을 통해 이루어지며, 이 과정에서 아이들은 자연스럽게 문제 해결 능력, 인내심, 회복탄력성을 기를 수 있습니다. 또한 주짓수는 '인간 체스'라고도 불릴 만큼 전략적 사고가 중요한 무술입니다. 순간적인 판단력, 상대방의 행동

예측, 자신의 기술을 효과적으로 적용하는 능력 등 고차원적 사고 과정이 필요합니다.

이번 장에서는 운동이 아이들의 정신 세계에 어떤 변화를 가져오는지, 그리고 그런 변화가 왜 중요한지 다양한 사례와 함께 살펴보겠습니다. 그 여정은 단순한 기술의 습득을 넘어, 평생 동안 가치를 발휘할 정신적 자산의 형성 과정입니다.

운동을 통해 얻는 정신적 자산: 끈기와 도전 정신

"난 못해요, 안 해봤어요."

체육관에 처음 오는 아이들이 가장 많이 하는 말입니다. 새로운 기술에 도전하라고 하면 대부분의 아이들은 이렇게 말하며 뒤로 물러섭니다. 앞구르기, 뒤구르기, 간단한 낙법 기술을 가르칠 때도 많은 아이들이 시도조차 하기 전에 손을 저으며 뒤로 물러납니다. 아직 시도해보지도 않았는데 "저는 못해요"라고 단정 짓는 모습이 너무도 흔합니다.

이것은 단순히 주짓수에만 해당되는 것이 아닙니다. 다양한 스포츠 지도자, 예체능 교사들과 이야기를 나눠보면 비슷한 경험을 공유합니다. 처음 접하는 활동에 대한 두려움, 실패에 대한 걱정이 아이들을 주저하게 만드는 것입니다. 우리 아이들은 새로운 것, 낯선 것에 도전하는 것을 두려워합니다.

실패에 대한 두려움: 현대 교육의 그림자

왜 그럴까요? 실패에 대한 두려움 때문입니다. 아이들은 어릴 때부터 성공해야 한다는 압박을 받습니다. 시험에서 좋은 점수를 받아야 하고, 경쟁에서 이겨야 하고, 남들보다 뛰어나야 한다는 메시지를 끊임없이 받습니다. 유치원부터 시작되는 비교와 경쟁, 초등학교 저학년부터 심화되는 성적에 대한 압박은 아이들에게 '실패=나쁜 것'이라는 등식을 심어줍니다.

특히 한국 사회는 결과 중심적 사고가 강합니다. 과정보다는 결과를, 노력보다는 성취를 중시하는 문화 속에서 아이들은 실패를 인정하기 어려워합니다. "실패는 성공의 어머니"라는 말이 있지만, 정작 우리 교육 현장에서는 실패할 기회조차 주어지지 않는 경우가 많습니다.

또한 많은 아이들이 '완벽주의'에 사로잡혀 있습니다. 처음부터 잘해야 한다는 압박, 실수하면 안 된다는 부담감이 도전 자체를 막는 것입니다. 교실에서는 틀린 답을 말하는 것이 부끄러운 일이 되고, SNS에서는 완벽한 모습만 공유되는 환경 속에서 아이들은 실패를 더욱 두려워하게 됩니다.

이런 환경에서 아이들은 실패를 부정적인 것, 피해야 할 것으로 인식하게 됩니다. 그 결과, 새로운 도전에 소극적이고, 안전한 선택만 하는 경향을 보이게 됩니다.

주짓수: 실패를 배움의 기회로 변화시키는 환경

하지만 주짓수는 다릅니다. 주짓수에서는 실패가 배움의 과정으로 자연스럽게 받아들여집니다. 처음에는 모두가 실패합니다. 세계 챔피언도, 고단자 사범도, 모두가 처음에는 기본 동작조차 제대로 하지 못했습니다. 주짓수의 본질 자체가 '시행착오를 통한 학습'에 있기 때문입니다.

주짓수 훈련에서는 매일 수십 번의 실패를 경험합니다. 기술을 익히고, 연습하고, 또 실패합니다. 상대방에게 기술을 걸었는데 성공하지 못하고, 방어하려 했지만 뚫리고,

균형을 잡으려 했지만 넘어지는 경험을 반복합니다. 그런데 놀랍게도 이런 '실패'가 부정적으로 여겨지지 않습니다.

주짓수 도장에서는 "오, 그렇게 하면 안 되겠구나. 다음엔 이렇게 해보자"라는 반응이 자연스럽게 이루어집니다. 실패는 단순히 '아직 배우지 못한 것'을 알려주는 신호로 받아들여지는 것입니다. 그리고 이 과정을 반복하면서 조금씩 성장합니다.

브라질의 전통적인 주짓수 학습 방식에서는 "첫 1,000번은 연습이다"라는 말이 있습니다. 한 가지 기술을 1,000번 이상 반복해야 비로소 자신의 것으로 만들 수 있다는 의미입니다. 이런 철학은 실패를 두려워하는 현대 아이들에게 특히 중요한 가르침이 됩니다.

도전의 중요성을 가르치는 주짓수 교육

저는 항상 아이들에게 이렇게 말합니다.

"누구나 다 처음은 있어. 하지만 누구는 도전해서 성공을 경험하고, 누구는 시도조차 하지 않음으로써 발전할 수 없어. 이건 주짓수뿐만 아니라 공부든, 직업이든, 모든 것에 마찬가지야."

수업 중에 저는 의도적으로 아이들에게 실패할 기회를 제공합니다. 너무 쉬운 기술만 가르치면 아이들은 성장하지 못합니다. 적절한 난이도의 도전, 때로는 실패할 수밖에 없는 상황을 만들어 그 과정에서 배우게 합니다. "괜찮아, 실수해도 돼. 그게 배우는 과정이야. 넘어져도 다시 일어서면 돼"라는 메시지를 지속적으로 전달합니다.

특히 아이들이 새로운 기술에 도전할 때, 저는 '과정'에 집중하도록 유도합니다. "기술이 성공했는지 실패했는지보다, 네가 얼마나 집중해서 시도했는지가 중요해"라고 말합니다. 과정을 중시하는 이런 접근법은 아이들의 도전 정신을 키우는 데 큰 도움이 됩니다.

또한 저는 아이들이 서로를 가르치는 활동도 장려합니다. "오늘 배운 기술을 옆 친구에게 가르쳐 볼래?"라고 제안하면, 처음에는 부담스러워하지만 점차 자신감을 갖고 설명하게 됩니다. 다른 사람에게 가르치는 과정에서 스스로의 이해도 깊어지고, 리더십도 발달하게 됩니다.

도전을 즐기는 아이들로의 변화

주짓수를 통해 지도한 아이들에게서 가장 큰 변화는 바로 이것입니다. 그들은 도전을 두려워하지 않게 되고, 오히려 도전을 즐기게 됩니다. 새로운 기술, 어려운 상황, 강한 상대… 이런 도전 앞에서 주짓수를 배운 아이들은 뒤로 물러서는 대신, 기꺼이 앞으로 나아갑니다.

한 학기 정도 주짓수를 배운 아이들을 보면 확연한 변화가 감지됩니다. 처음에는 "선생님, 저 이거 어려워요"라고 말하던 아이들이 점차 "선생님, 더 어려운 것도 가르쳐 주세요!"라고 요청하기 시작합니다. 실패에 대한 두려움이 줄어들고, 새로운 도전에 대한 열망이 생기는 것입니다.

특히 인상적인 것은 아이들이 스스로 도전 과제를 만들어내기 시작한다는 점입니다. "선생님, 제가 이 기술을 응용해서 새로운 방법을 생각해봤어요", "이번엔 제가 좀 더 큰 친구와 대련해 볼게요"라며 자발적으로 자신의 한계를 시험합니다. 도전이 두려움의 대상에서 흥미와 성장의 원천으로 바뀌는 것입니다.

이런 태도는 체육관을 넘어, 학교 생활과 일상생활에서도 나타납니다. 어려운 수학 문제, 처음 해보는 과제, 새로운 환경… 이런 상황에서도 아이들은 도전을 두려워하지 않고 적극적으로 임하게 됩니다. 학부모님들로부터 "우리 아이가 학교에서 발표를 자원해서 하겠다고 했어요", "전에는 피하던 영어 말하기를 이제는 자신 있게 시도한다고 선생님이 칭찬하셨어요"와 같은 이야기를 자주 듣게 됩니다.

　주짓수를 통해 형성된 도전 정신은 학업 성취에도 긍정적인 영향을 미칩니다. 어려운 문제를 포기하지 않고 여러 방법으로 시도하는 끈기, 실패해도 다시 도전하는 회복탄력성이 학습 효과를 높이는 것입니다. 실제로 많은 연구에서 운동을 통해 길러진 도전 정신과 학업 성취 사이의 긍정적 상관관계가 밝혀지고 있습니다.

생각해 보기

- 여러분의 아이는 새로운 도전 앞에서 어떤 반응을 보이나요? "난 못해요"라는 말을 자주 하나요?
- 아이에게 실패해도 괜찮다는 메시지를 어떻게 전달하고 있나요?
- 가정에서 아이가 안전하게 도전하고 실패할 수 있는 환경을 어떻게 만들 수 있을까요?

실패를 두려워하지 않는 회복탄력성 형성

실패의 정상화: 회복탄력성의 첫 단계

　주짓수 훈련에서 가장 먼저 배우는 것은 실패를 받아들이는 법입니다. 처음에는 아이들이 작은 실패를 경험하게 합니다. 기술을 시도하고 실패하고, 또 시도하고 실패합니다. 이런 경험을 통해 아이들은 실패가 특별한 것이 아니라 학습 과정의 정상적인 일부임을 배웁니다.

주짓수 수업에서 흔히 볼 수 있는 광경 중 하나는 기술을 시도하다 넘어지는 아이들입니다. 처음에는 당황하고 눈물을 보이기도 하지만, 점차 "괜찮아, 다시 해보자"라는 말과 함께 스스로 일어나 다시 시도하게 됩니다. 이런 작은 순간들이 모여 아이들의 회복탄력성을 키웁니다.

수업 중에 저는 의도적으로 '실패의 정상화'를 강조합니다. "이 기술은 처음에 모두가 어려워해. 나도 처음 배울 때 100번 넘게 실패했어"라고 말하며 실패가 부끄러운 것이 아니라 자연스러운 과정임을 알려줍니다. 또한 유명한 주짓수 선수들의 실패 사례를 공유하며 "세계 챔피언도 처음에는 너희처럼 실패를 경험했다"는 메시지를 전달합니다.

성장형 마인드셋과 회복탄력성의 연결

이 과정을 반복하다 보면, 아이들은 점차 실패를 두려워할 것이 아니라, 성장 과정의 자연스러운 일부로 받아들이게 됩니다. 결과보다는 과정에 중점을 두게 되고, 실패를 통해 배우고 성장하는 법을 익히게 됩니다. 시간이 지나면서 아이들은 실패가 두려운 것이 아니라 당연하고 이겨내야 할 과정의 하나일 뿐이라는 것을 깨닫게 됩니다.

이것은 스탠포드 대학의 심리학자 캐롤 드웩Carol Dweck 교수가 말하는 '성장형 마인드셋growth mindset'과 직접적으로 연결됩니다. 성장형 마인드셋을 가진 사람들은

능력이 고정된 것이 아니라 노력과 경험을 통해 발전할 수 있다고 믿습니다. 주짓수 훈련은 아이들에게 이런 성장형 마인드셋을 자연스럽게 형성시켜 줍니다.

"아직 못하는 것"과 "아직 배우지 않은 것"의 차이는 미묘하지만 중요합니다. 전자가 고정형 마인드셋fixed mindset에서 비롯된 생각이라면, 후자는 성장형 마인드셋의 산물입니다. 주짓수는 아이들에게 "아직 배우지 않았을 뿐, 노력하면 할 수 있다"는 믿음을 심어줍니다.

심리학자 앤젤라 더크워스Angela Duckworth의 연구에 따르면, 장기적인 성공을 이루는 사람들은 실패 후에도 포기하지 않고 다시 일어서는 능력, 즉 회복탄력성이 뛰어났습니다. 그녀는 이런 특성을 '그릿Grit'이라고 명명했는데, 이는 열정과 끈기의 조합을 의미합니다. 주짓수는 바로 이런 회복탄력성과 그릿을 자연스럽게 길러주는 최적의 환경을 제공합니다.

최근 교육 심리학 분야에서는 이런 비인지적 능력non-cognitive skills의 중요성이 더욱 강조되고 있습니다. IQ나 학업 성취도 같은 인지적 능력 못지않게, 회복탄력성, 인내심, 자기통제력 같은 비인지적 능력이 장기적인 성공과 행복에 중요한 역할을 한다는 연구 결과가 나오고 있습니다. 주짓수와 같은 무도 스포츠는 이런 비인지적 능

력을 효과적으로 발달시키는 수단이 될 수 있습니다.

회복탄력성 형성의 실제 사례: 민수의 변화

민수(가명)의 이야기가 좋은 예입니다. 민수는 초등학교 3학년 때 처음 체육관에 왔습니다. 학부모 상담에서 민수의 어머니는 "우리 아이가 실패를 너무 두려워해요. 조금만 어려운 일이 생기면 바로 포기하고 '난 못해'라고 말해요. 학교에서도 조금만 어려운 문제가 나오면 손도 안 대려고 한다고 선생님이 걱정하세요"라고 말씀하셨습니다.

실제로 처음 몇 주 동안 민수는 새로운 기술을 배울 때마다 "저는 못할 것 같아요"라고 말했습니다. 기술을 시도하다 실패하면 금방 좌절하고 포기하려고 했습니다. 특히 낙법 훈련 중에는 몇 번 넘어진 후 눈물을 글썽이며 수업의 구석에 웅크리고 앉아있는 모습을 자주 볼 수 있었습니다.

저는 민수에게 직접적인 접근법보다는 점진적인 방식으로 접근했습니다. 먼저, 실패해도 괜찮다는 환경을 만드는 데 집중했습니다. "여기서는 실수해도 괜찮아. 그게 배우는 방법이야"라고 자주 말해주었고, 다른 아이들이 실수하고 다시 시도하는 모습을 의도적으로 보여주었습니다.

또한 민수의 작은 성공에 큰 관심을 기울였습니다. 아주 사소한 진전이라도 크게 칭찬하고 격려했습니다. "와, 민수야! 오늘은 어제보다 훨씬 더 잘했어. 넘어지고도 바로 일어나서 다시 시도했잖

아. 정말 자랑스러워!"라는 식으로 구체적인 칭찬을 아끼지 않았습니다.

민수에게는 특별히 '실패 일지'를 만들게 했습니다. 수업 후에 오늘 실패한 것과 그로부터 배운 점을 적게 하는 간단한 활동이었습니다. 처음에는 어색해했지만, 점차 "오늘은 균형을 잃고 넘어졌는데, 다음에는 발을 더 넓게 벌려야겠다"와 같이 구체적인 내용을 적게 되었습니다.

6개월이 지났을 때, 민수는 완전히 다른 아이가 되어 있었습니다. 새로운 기술에 도전할 때 "한번 해볼게요"라고 말하며 적극적으로 시도했고, 실패해도 좌절하지 않고 다시 시도했습니다. 더 놀라운 것은 다른 아이들이 실패했을 때 "괜찮아, 다시 해보자"라고 격려하는 모습을 보이기 시작했다는 점입니다.

이런 변화는 체육관을 넘어 학교생활에서도 나타났습니다. 민수의 담임 선생님은 학부모 상담에서 "민수가 요즘 많이 달라졌어요. 어려운 문제도 포기하지 않고 도전하는 모습이 보입니다. 특히 수학 시간에 문제를 풀다가 틀려도 좌절하지 않고 다른 방법을 시도하는 것이 인상적입니다"라고 말씀하셨다고 합니다.

민수의 어머니는 이렇게 말씀하셨습니다.

"선생님, 우리 아이가 학교에서 발표 대회에 나갔어요. 예전 같으면 절대 상상도 못했을 일인데, 스스로 지원했대요. 발표를 잘하지 못해도 괜찮다고, 경험해보고 싶다고 했대요. 정말 놀랐어요. 1등은 못 했지만 발표 후에 '다음엔 더 잘할 수 있을 것 같아요'라고 말하는 모습을 보고 눈물이 날 뻔했어요."

이것이 바로 주짓수가 아이들에게 가르치는 회복탄력성입니다. 실패를 두려워하지 않고, 오히려 실패로부터 배우고 다시 일어서는 힘을 기르는 것입니다. 이런 회복탄력성은 현대 사회에서 아이들이 갖추어야 할 가장 중요한 역량 중 하나입니다.

생각해 보기

- 여러분의 아이는 실패했을 때 어떤 반응을 보이나요? 금방 포기하나요, 아니면 다시 시도하나요?
- 아이가 실패했을 때 부모로서 어떻게 반응하고 있나요? 혹시 무의식적으로 실패를 부정적으로 인식하게 만들고 있지는 않나요?
- '실패 일지'처럼 아이가 실패를 통해 배울 수 있는 활동을 가정에서도 시도해볼 수 있을까요?

작은 성취가 큰 변화를 만드는 메커니즘

주짓수 훈련에서 저는 아이들에게 칭찬과 응원을 아끼지 않습니다. "잘할 수 있어", "잘하고 있어", "대단해", "멋있어", "열심히 노력하는 모습이 보기 좋네" 등의 말을 자주 합니다.

처음에는 아이들이 쑥스러워하지만, 곧 이런 칭찬과 응원으로부터 힘을 얻어 더 열심히 하는 모습을 보입니다. 작은 성취에 대한 인정과 칭찬이 아이들에게 자신감을 심어주고, 이 자신감이 더 큰 도전으로 이어지는 선순환을 만드는 것입니다.

이러한 과정이 효과가 있는 이유는 무엇일까요? 그것은 우리 뇌의 작동 방식과 관련이 있습니다. 우리가 목표를 달성하거나 성취감을 느낄 때, 뇌에서는 도파민이라는 '행복 호르몬'이 분비됩니다. 이 도파민은 우리에게 즐거움을 느끼게 하고, 그 행동을 더 반복하게 만드는 역할을 합니다. 여러 뇌과학 연구에 따르면, 새로운 기술을 습득하거나 도전을 극복할 때 뇌에서 분비되는 도파민은 단순한 즐거움 이상의 효과를 가집니다. 그것은 학습과 기억을 강화하고, 미래의 도전에 대한 동기를 부여합니다. 이런 긍정적인 생화학적 반응이 아이들의 성장 과정에서 중요한 역할을 하는 것입니다.

작은 성취에 대한 칭찬과 인정은 아이들의 뇌에 이러한 도파민 분비를 촉진하고, 이것이 긍정적인 경험으로 기억되게 합니다. 그 결과, 아이들은 더 많은 도전을 하고, 더 많은 성취를 경험하게 되는 것입니다.

수진(가명)이의 이야기가 이를 잘 보여줍니다. 수진이가 처음 체육관에 왔을 때, 수진이 어머니는 특별한 요청을 하셨습니다. "우리 아이는 앞구르기를 무서워하니까 안 시켰으면 해요." 실제로 준비운동에서 수진은 앞구르기만 보더라도 몸을 움츠리며 "저는 못해요, 무서워요"라고 말했습니다.

저는 수진이에게 당장 앞구르기를 하라고 강요하지 않았습니다. 대신 다른 기본 동작들을 가르치면서 계속해서 응원하고 격려했습니다. "괜찮아, 네가 할 수 있을 때 해보자. 넌 잘할 수 있어!"라고 말해주었습니다.

몇 주가 지나자 수진이는 조금씩 자신감을 얻기 시작했습니다. 어느 날 수업이 끝난 후, 수진이가 조용히 다가와서 말했습니다.

"선생님, 저. 앞구르기 한번 해볼게요."

그리고 비록 완벽하지는 않았지만, 처음으로 앞구르기에 도전했습니다.

그 순간을 잊을 수 없습니다. 수진이의 얼굴에 번진 성취감과 자신감이 얼마나 빛났는지요. 그 후로 수진이는 계속해서 연습했고, 몇 달 후에는 앞구르기뿐만 아니라 더 어려운 동작들도 두려움 없이 시도하게 되었습니다.

수진이에 어머니는 이렇게 말씀하셨습니다.

"선생님, 정말 믿을 수가 없어요. 우리 아이가 집에서도 '나 이제 무서운 거 없어!'라고 말해요. 학교에서도 체육 시간에 적극적으로 참여한다고 선생님께서 말씀하셨어요. 이전에는 항상 구석에 숨어 있었거든요."

이처럼 작은 성취와 그에 대한 인정은 아이들에게 큰 변화를 가져옵니다. 그리고 이런 변화는 단순히 주짓수 수업에만 국한되지 않고, 아이의 전반적인 생활 태도와 자세에도 영향을 미치게 됩니다.

생각해 보기

- 여러분은 아이의 작은 성취를 얼마나 자주, 어떻게 인정해주고 있나요?
- 아이가 새로운 것을 시도했을 때, 결과보다 과정에 초점을 맞춘 칭찬을 해본 적이 있나요?
- 가정에서 아이가 성취감을 느낄 수 있는 작은 도전 과제들을 어떻게 만들 수 있을까요?

문제 해결 능력 발달의 놀라운 사례

주짓수는 단순한 신체 활동이 아닙니다. 그것은 마치 체스와 같은 전략 게임입니다. 상대방의 움직임을 예측하고, 그에 따라 자신의 전략을 세우고, 실시간으로 상황을 판단하여 대응해야 합니다. 상대방이 어떤 행동을 취할지 미리 생각하고, 그에 맞는 대응책을 준비하는 과정에서 아이들은 자연스럽게 문제 해결 능력과 전략적 사고를 키우게 됩니다.

예를 들어, 상대방이 특정 방식으로 공격해 오면 어떻게 방어할지, 또는 상대가 특정 자세를 취했을 때 어떤 기술을 사용하면 효과적일지 끊임없이 생각하고 판단해야 합니다. 이런 과정은 아이들에게 문제 상황을 분석하고, 다양한 해결책을 고려하고, 최적의 방법을 선택하는 능력을 길러줍니다.

지훈(가명)이의 이야기는 주짓수가 어떻게 아이의 문제 해결 능력을 발달시키는지 잘 보여줍니다. 지훈이는 초등학교 4학년 때 주짓수를 시작했습니다. 처음에는 다른 아이들처럼 기술을 단순히 따라하기만 했습니다. 하지만 점차 자신만의 방식으로 기술을 응용하기 시작했습니다.

특히 지훈이는 자신보다 체격이 큰 상대와 대련할 때, 자신의 약점을 보완하고 강점을 살리는 전략을 스스로 개발했습니다. 작은 체구를 활용해 빠르게 움직이고, 상대의 균형을 무너뜨리는 방법을 찾아냈습니다.

이런 능력은 주짓수 수업에만 국한되지 않았습니다. 지훈이의 담임 선생님은 학교에서 진행된 프로젝트 수업에서 지훈이 보여준 문제 해결 능력에 놀라워했습니다. 주어진 문제에 대해 다양한 각도에서 접근하고, 창의적인 해결책을 제시하는 모습을 보였기 때문입니다.

지훈이의 어머니는 아이의 변화를 이렇게 표현했습니다.

"요즘 지훈이가 문제를 만나면 당황하기보다는 차분히 생각하는 모습이 보여요. 학교 숙제도 '이건 이렇게 해보면 어떨까?' 하고 여러 방법을 시도해보는 게 새롭더라고요. 전에는 좀 쉽게 포기했었거든요."

이처럼 주짓수는 단순한 신체 활동을 넘어, 아이들의 인지 능력과 문제 해결 능력을 발달시키는 데 큰 역할을 합니다. 실시간으로 변화하는 상황에 대응하고, 효과적인 전략을 세우는 능력은 학업과 일상생활의 다양한 도전 상황에서도 큰 도움이 됩니다.

생각해 보기

- 아이에게 문제 해결 능력을 키워줄 수 있는 일상 속 활동에는 어떤 것들이 있을까요?
- 여러분의 아이는 문제 상황에 직면했을 때 어떤 반응을 보이나요?

- 아이가 스스로 문제를 해결할 수 있도록 부모로서 어떤 지원을 할 수 있을까요?

주짓수가 가르치는 감정 조절과 인내심

주짓수 수련의 또 다른 중요한 측면은 감정 조절과 인내심의 발달입니다. 대련 중에는 때로 좌절감, 두려움, 심지어 분노를 느낄 수 있습니다. 하지만 주짓수에서는 이런 감정들을 적절히 다루는 법을 배웁니다.

기술을 배우는 과정은 결코 쉽지 않습니다. 때로는 같은 동작을 수십 번, 수백 번 반복해야 합니다. 이 과정에서 아이들은 자연스럽게 인내심을 기르게 됩니다. 당장의 결과보다는 꾸준한 노력의 중요성을 체득하게 되는 것입니다.

준호(가명)의 사례가 좋은 예입니다. 준호는 처음 주짓수를 시작했을 때 매우 성급한 성격이었습니다. 모든 것을 빨리 배우고 싶어 했고, 자신이 원하는 대로 되지 않으면 쉽게 짜증을 냈습니다. 특히 다른 아이들에게 지면 화를 내거나 울기도 했습니다.

저는 준호에게 천천히, 단계적으로 기술을 가르쳤습니다. 그리고 매 수업마다 "오늘은 어제보다 조금 더 잘했어"라는 식으로 작은 진전을 인정해주었습니다. 또한 감정을 조절하는 법도 가르쳤습니다. 화가 날 때는 깊게 숨을 들이마시고, 천천히 내쉬면서 감정을 가라앉히는 방법을 알려주었습니다.

8개월이 지났을 때, 준호는 대련에서 지더라도 상대방에게 "잘했어, 다음에 또 해보자"라고 말할 수 있게 되었습니다. 또한 어려운 기술을 배울 때도 "이건 시간이 좀 걸릴 것 같아요"라고 말하며 인내심을 보였습니다.

준호의 부모님은 이런 변화에 대해 매우 기뻐하셨습니다.

"집에서도 많이 달라졌어요. 예전에는 게임에서 지면 키보드를 내려치기도 했는데, 이제는 '다음에 더 잘하면 돼'라고 말하며 차분하게 대처해요. 학교에서도 선생님께서 준호가 훨씬 참을성 있게 변했다고 하셨어요."

이처럼 주짓수 훈련은 아이들에게 감정을 조절하는 법과 인내심을 가르칩니다. 이러한 능력은 학업, 대인관계, 그리고 미래의 직업 생활에서도 매우 중요한 역할을 합니다. 특히

현대 사회에서는 즉각적인 만족을 추구하는 경향이 강해지고 있어, 인내심과 자기 통제력을 기르는 것이 더욱 중요해지고 있습니다.

> **생각해 보기**
>
> - 여러분의 아이는 좌절했을 때 어떻게 반응하나요? 감정 조절에 어려움을 겪고 있지는 않나요?
> - 가정에서 아이에게 인내심을 길러줄 수 있는 방법은 무엇이 있을까요?
> - 아이가 감정을 건강하게 표현하고 조절할 수 있도록 어떤 대화와 지도를 할 수 있을까요?

운동을 통한 정신적 성장: 주짓수가 가르치는 삶의 지혜

주짓수를 통해 아이들이 배우는 것은 단순한 기술만이 아닙니다. 그들은 삶의 중요한 가치와 지혜를 배웁니다. 실패를 두려워하지 않는 도전 정신, 어려움을 이겨내는 인내심, 타인을 배려하는 마음, 그리고 자기 자신을 파악하는 능력 등 다양한 정신적 자산을 얻게 됩니다.

이런 정신적 성장은 어떻게 이루어질까요? 주짓수 훈련의 본질적인 특성 때문입니다. 주짓수는 개인 스포츠이면서도 상대방과의 상호작용이 중요한 스포츠입니다. 혼자서는 절대 훈련할 수 없고, 상대방과의 협력과 존중이 필수적입니다.

또한 주짓수는 끊임없이 자신의 한계에 도전하는 스포츠입니다.

새로운 기술을 배우고, 더 강한 상대와 대련하고, 자신의 약점을 보완해 나가는 과정에서 아이들은 성장합니다. 이 과정에서 실패와 좌절을 경험하지만, 그것을 극복하는 법도 배웁니다.

많은 교육 전문가들이 "불편함의 영역 zone of discomfort"에서 진정한 성장이 일어난다고 말합니다. 주짓수는 아이들을 이 불편함의 영역으로 안전하게 인도합니다. 아이들은 자신의 한계에 도전하고, 때로는 실패하며, 그 과정에서 회복탄력성과 인내심을 기릅니다.

주짓수 수업에서 자주 볼 수 있는 장면 중 하나는, 처음에는 겁을 먹고 뒤로 물러섰던 아이가 점차 자신감을 얻어 도전하는 모습입니다. 이런 변화는 하루아침에 이루어지지 않습니다. 작은 성공과 실패의 반복, 그리고 그 과정에서의 지속적인 격려와 지도가 필요합니다.

주짓수 수업을 10년 넘게 지도하면서, 저는 수많은 아이들이 이런 과정을 통해 성장하는 모습을 지켜봤습니다. 처음에는 소극적이고 자신감 없던 아이들이 시간이 지나면서 점차 자신의 생각을 표현하고, 도전을 두려워하지 않고, 타인을 배려하는 사람으로 변화하는 것을 볼 때마다 가르치는 보람을 느낍니다.

민지는 주짓수를 통해 자신감을 키운 대표적인 사례입니다. 초등학교 5학년 때 주짓수를 시작한 민지는 처음에는 매우 조용하고 소극적이었습니다. 다른 아이들과 눈도 잘 마주치지 못했고, 질문을 받으면 작은 목소리로 짧게 대답하는 정도였습니다.

하지만 주짓수 훈련을 통해 민지는 점차 변화했습니다. 처음으로 기술을 성공적으로 수행했을 때의 성취감, 다른 친구들과 함께 훈련하며 쌓은 유대감, 그리고 실패와 성공을 반복하며 얻은 자신감이 민지를 변화시켰습니다.

6개월 후, 민지는 다른 아이들을 돕는 모습을 자주 보였습니다. 새로 온 아이들에게 기본 동작을 가르쳐주고, 대련 중에 상대방을 배려하는 모습이 인상적이었습니다. 학교에서도

민지의 변화는 계속되었습니다. 선생님의 질문에 적극적으로 대답하고, 친구들과 더 활발히 어울리기 시작했습니다.

민지의 어머니는 "주짓수를 시작한 이후로 아이가 많이 달라졌어요. 전에는 새로운 것에 도전하는 걸 무서워했는데, 이제는 '한번 해볼게요'라는 말을 자주 합니다. 학교 생활도 더 즐겁게 하는 것 같고요"라고 말씀하셨습니다.

이처럼 주짓수는 아이들에게 단순한 운동 기술 이상의 것을 가르칩니다. 그것은 삶의 지혜이자, 평생 동안 도움이 될 정신적 자산입니다. 실패를 두려워하지 않는 도전 정신, 어려움을 이겨내는 인내심, 타인을 배려하는 마음, 그리고 자기 자신을 객관적으로 파악하는 능력… 이런 가치들은 아이들이 행복하고 성공적인 삶을 살아가는 데 필수적인 요소들입니다.

> **생각해 보기**
>
> - 여러분은 아이에게 어떤 삶의 가치와 지혜를 가르치고 싶은가요?
> - 가정에서 아이가 '불편함의 영역'을 경험하고 성장할 수 있는 기회를 어떻게 제공할 수 있을까요?
> - 아이의 정신적 성장을 돕기 위해 부모로서 어떤 역할을 해야 할까요?

자신감과 자아존중감의 건강한 발달

많은 아이들이 주짓수 훈련을 통해 가장 크게 변화하는 부분 중 하나는 바로 자신감과 자아존중감입니다. 자신감은 '내가 이 일을 해낼 수 있다'는 믿음이고, 자아존중감은 '나는 가치 있는 사람이다'라는 인식입니다. 이 두 가지는 아이의 건강한 정서 발달과 성공적인 삶을 위해 매우 중요합니다.

주짓수 훈련은 어떻게 아이들의 자신감과 자아존중감을 키워줄까요? 그것은 주짓수가 제공하는 명확한 성취 경험 때문입니다. 처음에는 할 수 없었던 기술을 연습을 통해 마스터하는 과정에서 아이들은 자신의 능력에 대한 믿음을 키웁니다.

또한 주짓수는 개인의 발전을 강조합니다. 다른 사람과의 비교보다는 자신의 어제와 오늘을 비교하며 성장해 나가는 것이 중요합니다. 이런 접근 방식은 아이들이 건강한 자아개념을 형성하는 데 큰 도움이 됩니다.

세영(가명)이의 이야기는 주짓수가 어떻게 아이의 자신감과 자아존중감을 키워주는지 잘 보여줍니다. 세영이가 처음 체육관에 왔을 때, 그녀는 극도로 소심했습니다. 자신의 외모에 대한 부정적인 생각을 자주 표현했고, "저는 뚱뚱해서 운동 못해요"라며 자신을 비하하는 발언을 자주 했습니다.

저는 세영이에게 주짓수에서는 체형이 중요한 것이 아니라, 기술과 전략이 중요하다고 설명해 주었습니다. 그리고 그녀만의 특별한 강점을 찾아 강조했습니다. "세영이는 균형 감각이 좋아서 이 기술을 배우기에 유리해"라는 식으로 긍정적인 피드백을 자주 주었습니다.

처음에는 반신반의하는 눈치였지만, 점차 세영이는 자신이 잘할 수 있는 기술들을 발견하기 시작했습니다. 특히 유연성을 활용한 방어 기술에서 다른 아이들보다 빠르게 향상되었습니다. 이런 성취 경험이 쌓이면서 세영이의 자세와 표정이 달라지기 시작했습니다.

4개월이 지났을 때, 세영이는 더 이상 자신을 비하하는 말을 하지 않았습니다. 오히려 "선생님, 이 기술 제가 도전해볼게요!"라며 적극적인 태도를 보였습니다. 가장 인상적인 변화는 그녀의 자세였습니다. 처음에는 늘 고개를 숙이고 어깨를 움츠리고 다녔는데, 이제는 당당하게 허리를 펴고 자신 있게 걸어다녔습니다.

세영이의 어머니는 기뻐하며 이렇게 말씀하셨습니다. "우리 아이가 요즘 거울을 보는 시간이 늘었어요. 예전에는 거울을 피했는데… 어제는 '엄마, 나 근육이 생긴 것 같아!'라고 자랑하더라고요. 학교에서도 친구들과 더 적극적으로 어울린다고 담임 선생님께서 말씀해주셨어요."

이처럼 주짓수 훈련은 아이들에게 자신의 신체에 대한 긍정적인 인식과 자신의 능력에 대한 믿음을 심어줍니다. 이런 건강한 자신감과 자아존중감은 학업, 대인관계, 그리고 삶의 다양한 도전에 맞서는 데 큰 힘이 됩니다.

생각해 보기

- 여러분의 아이는 자신에 대해 어떻게 말하나요? 자주 자신을 비하하는 말을 하지는 않나요?
- 가정에서 아이의 자아존중감을 키워주기 위해 어떤 말과 행동을 할 수 있을까요?
- 아이가 성취감을 느끼고 자신감을 키울 수 있는 활동에는 어떤 것들이 있을까요?

운동을 통한 정신적 자산의 평생 가치

운동, 특히 주짓수를 통해 아이들이 얻는 정신적 자산은 평생 동안 그들의 삶에 긍정적인 영향을 미칩니다. 학창 시절뿐만 아니라, 대학 생활, 직장 생활, 그리고 개인적인 관계에 이르기까지 다양한 영역에서 이러한 자산은 큰 가치를 발휘합니다.

많은 연구에서 어린 시절 운동 경험이 성인기의 성공과 관련이 있다는 결과가 나왔습니다. 이는 단순히 신체적 건강 때문만이 아니라, 운동을 통해 얻은 정신적 자산 - 끈기, 목표 설정 능력, 팀워크, 회복탄력성 등 - 이 인생의 다양한 도전을 극복하는 데 도움이 되기 때문입니다.

도전 정신과 회복탄력성은 아이들이 어려운 상황에 직면했을 때 포기하지 않고 극복할 수 있는 힘이 됩니다. 대학 입시의 압박, 취업 준비의 어려움, 직장에서의 도전 등 인생의 다양한 고비에서 이러한 정신적 자산은 큰 도움이 됩니다.

문제 해결 능력과 창의적 사고는 학업과 직업 세계에서 모두 중요한 역량입니다. 빠르게 변화하는 현대 사회에서는 기존의 방식으로 해결되지 않는 새로운 문제들이 계속해서 등장합니다. 이런 상황에서 유연하게 사고하고 창의적인 해결책을 찾는 능력은 매우 중요합니다.

자기 이해와 타인에 대한 배려는 건강한 인간관계를 형성하는 데 필수적인 요소입니다. 자신의 강점과 약점을 정확히 이해하고, 타인을 존중하고 배려하는 태도는 가족 관계, 친구 관계, 직장 동료와의 관계 등 모든 인간관계에서 중요한 역할을 합니다.

주짓수를 통해 아이들은 겸손함도 배웁니다. 자신보다 기술이 뛰어난 사람들과 훈련하며, 항상 배울 점이 있다는 것을 깨닫게 됩니다. 이런 겸손한 태도는 성공적인 인간관계의 기초가 되며, 지속적인 성장을 가능하게 합니다.

스포츠 심리학자들은 운동을 통해 얻은 정신적 자질이 다른 영역으로 전이transfer된다고 설명합니다. 주짓수 매트 위에서 배운 인내심, 회복탄력성, 문제 해결 능력은 학교, 직장, 가정 등 다른 환경에서도 발휘됩니다. 이것이 바로 운동의 교육적 가치가 단순한 체력 향상을 넘어서는 이유입니다.

이처럼 운동을 통해 얻는 정신적 자산은 아이의 평생에 걸쳐 가치를 발휘합니다. 그것은 단기적인 성과나 결과를 넘어, 아이의 전인적 성장과 행복한 삶을 위한 토대가 됩니다.

생각해 보기

- 여러분이 어린 시절 운동을 통해 배운 가치 중에 지금까지도 도움이 되는 것은 무엇인가요?
- 아이에게 어떤 정신적 자산을 물려주고 싶은가요? 그리고 그것을 어떻게 도울 수 있을까요?
- 운동 외에 아이의 정신적 성장을 도울 수 있는 활동에는 어떤 것들이 있을까요?

다음 장에서는 운동, 특히 주짓수가 아이의 미래 성공에 어떤 영향을 미치는지, 그 구체적인 메커니즘에 대해 더 자세히 알아보겠습니다. 특히 자기관리 능력, 목표 설정과 달성 능력, 그리고 스트레스 관리 능력 등이 어떻게 경제적 성공과 연결되는지 살펴볼 것입니다. 그리고 이러한 능력들이 빠르게 변화하는 현대 사회에서 왜 더욱 중요해지고 있는지에 대해서도 논의할 예정입니다.

여러분의 가정에서 실천해 볼 수 있는 활동

1. 실패 일지 만들기: 아이와 함께 매일 경험한 작은 실패와 그로부터 배운 점을 기록하는 일지를 만들어보세요.

2. 도전 과제 설정하기: 매주 아이와 함께 약간 어려운 새로운 도전 과제를 정하고, 과정에 초점을 맞춰 응원해주세요.

3. 감정 표현 연습하기: 일상에서 다양한 감정을 건강하게 표현하는 방법을 함께 연습해보세요.

4. 문제 해결 게임하기: 전략 게임이나 퍼즐을 함께 풀며 다양한 접근법을 시도해보세요.

5. 성장 마인드셋 대화하기: "아직 못하는 것"이 아니라 "아직 배우지 않은 것"이라는 관점으로 대화해보세요.

핵심 포인트

1. **도전 정신 함양:** 운동을 통해 아이들은 "난 못해요"에서 "한번 해볼게요"라는 태도로 변화합니다.

2. **회복탄력성 강화:** 실패와 도전의 반복 과정을 통해 좌절에서 빠르게 회복하는 능력을 키웁니다.

3. **성취 경험 축적:** 작은 성취들이 모여 자신감을 형성하고 더 큰 도전을 향한 용기를 키웁니다.

4. **문제 해결 능력 향상:** 운동, 특히 주짓수는 전략적 사고와 실시간 문제 해결 능력을 발달시킵니다.

5. **정신적 성장:** 운동을 통해 인내심, 끈기, 존중, 겸손함과 같은 삶의 중요한 가치들을 배웁니다.

3장

운동이 미래 성공의 토대를 만드는 이유

자기관리와 시간관리: 성공의 핵심 요소

"성실함은 성공의 첫걸음입니다."

주짓수를 오래 하는 아이들에게서 가장 두드러지게 나타나는 특징 중 하나는 바로 '성실함'입니다. 이것은 단순히 주짓수를 열심히 한다는 의미를 넘어, 삶의 모든 영역에서 나타나는 태도입니다.

생각해보면 성인들도 마찬가지입니다. 헬스장에 등록하고 며칠 가지도 않고 '기부천사'가 되어버리는 경우가 얼마나 많습니까? 3개월, 6개월 심지어 1년을 등록하고도 결국 꾸준히 다니지 못하는 사람들이 대부분입니다. 반면, 일부 사람들은 꾸준히 운동을 계속합니다. 이 차이는 어디서 오는 것일까요?

제 경험에 의하면, 이 차이가 만들어지는 것은 바로 어린 시절입니다. 그리고 이 과정에서 부모의 역할이 매우 중요합니다. 어떤 부모님들은 아이가 조금만 힘들어하면 "그만해도 돼"라고 말합니다. "우리 애가 힘들어해서 못 시키겠어요"라며 쉽게 포기하게 합니다. 하지만 그 뒤에는 아이에 대한 과잉보호와 단기적 편안함만을 추구하는 태도가 숨어 있습니다.

하지만 부모의 말 한마디가 아이의 인생을 바꿀 수 있습니다. "오늘은 힘들지만, 조금만 더 해보자", "힘든 것은 당연해, 그래도 포기하지 말고 끝까지 해보자"와 같은 격려의 말은 아이에게 끈기와 인내심을 길러줍니다. 이런 격려와 장기적 안목은 아이에게 자기관리의 중요성을 자연스럽게 가르칩니다.

꾸준함의 힘: 일상의 습관이 미래를 결정합니다

운동학 박사 앤더스 에릭슨Anders Ericsson이 1993년 발표한 연구 「The Role of Deliberate Practice in the Acquisition of Expert Performance」에 따르면, 어떤 분야에서든 탁월함을 달성하기 위해서는 약 10,000시간의 의도적 연습이 필요하다고 합니다. 이 '1만 시간의 법칙'은 운동에서도 예외가 아닙니다. 물론 전문적인 수준까지 모두가 도달할 필요는 없지만, 이 원칙이 시사하는 바는 명확합니다: 꾸준함이 성공의 핵심이라는 것입니다.

주짓수를 꾸준히 하기 위해서는 성실함이 필수적입니다. 정해진 시간에 체육관에 나와야 하고, 힘든 훈련을 견뎌야 하며, 실패와 좌절을 극복해야 합니다. 이런 과정에서 아이들은 자연스럽게 시간관리 능력과 자기 관리 능력을 키우게 됩니다.

미국 스탠포드 대학의 심리학자 월터 미셸Walter Mischel이 1972년 진행하고 「Journal of Personality and Social Psychology」에 발표한 '마시멜로 실험'은 자기통제력의 중요성을 잘 보여줍니다. 아이들에게 마시멜로 하나를 주고, 15분간 먹지 않고 기다리면 하나를 더 주겠다고 제안했을 때, 즉각적인 만족을 지연시킬 수 있는 아이들이 나중에 학업 성취도, 건강, 사회적 성공 등 다양한 영역에서 더 좋은 결과를 보였습니다. 주짓수와 같은 운동은 바로 이러한 지연된 만족, 즉 자기통제력을 기르는 훌륭한 훈련장이 됩니다.

주짓수와 같은 격투 스포츠에서 성공하기 위해서는 철저한 시간 관리와 자기 관리가 필수적입니다. 정해진 일정에 따라 훈련하고, 식단을 관리하며, 충분한 휴식을 취하는 등의 규율 있는 생활은 운동 선수들의 기본입니다. 이러한 자기 관리 능력은 프로 선수로서뿐만 아니라 어떤 직업을 가진 사람에게도 성공의 원동력이 됩니다.

더 나아가, 주짓수에서 실력을 향상시키기 위해서는 목표 설정이 중요합니다. "다음 달까지 이 기술을 마스터하자", "6개월 안에 다음 벨트로 승급하자"와 같은 구체적인 목표를 세우고, 이를 달성하기 위해 계획을 세우고 실천하는 과정에서 아이들은 목표 설정과 달성의 기술을 배웁니다.

직업 세계에서의 자기관리 능력

세계적인 경영 컨설팅 회사 맥킨지가 2019년 발표한 「The Future of Work」 연구에 따르면, 기업 리더들이 가장 중요하게 여기는 직원의 자질 중 하나가 바로 '자기관리 능력'입니다. 목표 설정, 시간 관리, 우선순위 결정, 스트레스 관리 등의 능력은 현대 직장에서 필수적인 요소가 되었습니다.

이러한 자기 관리 능력, 시간 관리 능력, 목표 설정 및 달성 능력은 학업에서도, 그리고 미래 직업 세계에서도 성공의 핵심 요소가 됩니다.

주짓수의 고유한 특성과 그 독특한 가치

다른 스포츠와 달리, 주짓수는 몇 가지 독특한 특성을 가지고 있어 아이들의 성장과 발달에 특별한 도움을 줍니다.

신체적 접촉을 통한 실제적 학습

주짓수는 직접적인 신체 접촉을 통해 이루어지는 격투 스포츠입니다. 이런 특성은 디지털 시대에 점점 줄어드는 물리적 상호작용의 기회를 제공합니다. 미국 소아과학회의 2019년 연구 「Physical Activity and Digital Media Use」에 따르면, 직접적인 신체 활동과 접촉이 줄어들수록 아이들의 사회성 발달과 정서적 안정에 부정적 영향을 미칠 수 있습니다.

주짓수에서는 파트너와의 밀접한 협력이 필요하며, 이 과정에서 상대방의 움직임과 반응을 읽고 적절히 대응하는 능력을 길러줍니다. 이는 가상 환경이나 팀 스포츠에서 경험하기 어려운 독특한 학습 방식입니다.

체급이 아닌 기술의 우위를 강조

주짓수는 "작고 약한 사람이 크고 강한 상대를 이길 수 있는 유일한 무술"로 알려져 있습니다. 브라질 주짓수의 창시 이념은 바로 이것입니다. 이는 다른 많은 스포츠와 달리, 단순한 신체적 우월성보다 기술, 전략, 지능적 접근을 중시합니다.

이러한 철학은 아이들에게 "크기나 선천적 능력보다 노력과 지혜가 중요하다"는 강력한 메시지를 전달합니다. 이는 학업과 직업 세계에서도 그대로 적용될 수 있는 가치 있는 교훈입니다.

실시간 피드백 메커니즘

주짓수에서는 잘못된 동작이나 전략을 사용하면 즉각적인 결과(패배나 불리한 상황)로 이어집니다. 이런 즉각적인 피드백 시스템은 많은 스포츠 중에서도 특히 효과적입니다.

하버드 교육대학원의 2018년 연구「Effective Feedback Mechanisms in Learning」에 따르면, 즉각적이고 구체적인 피드백은 학습 효과를 크게 향상시킵니다. 주짓수는 이러한 피드백을 자연스럽게 제공하여 아이들이 자신의 행동과 결정의 결과를 명확히 이해하도록 돕습니다.

평생 학습의 문화

주짓수는 "영원한 초보자의 마음가짐 beginner's mind"을 강조하는 독특한 문화를 가지고 있습니다. 검은 띠를 획득한 후에도 학습이 끝나지 않으며, 지속적인 성장과 발전을 추구합니다.

이런 문화는 현대 사회에서 강조되는 '평생 학습자' 마인드셋을 자연스럽게 형성해줍니다. 이는 빠르게 변화하는 직업 세계에서 계속해서 새로운 기술을 습득하고 적응해야 하는 현대인에게 필수적인 태도입니다.

도전정신과 변화 적응력: 현대 사회의 필수 역량

현대 사회는 빠르게 변화하고 있습니다. 이제는 한 직업을 평생 유지하는 시대가 아닙니다. 많은 사람들이 자신의 전공을 포기하고 전혀 다른 일을 하거나, 투잡을 갖기도 하며, 새로운 꿈과 삶을 위해 끊임없이 도전합니다.

주짓수가 가르치는 적응력

주짓수가 가르쳐주는 가장 중요한 교훈 중 하나는 변화에 적응하는 능력입니다. 경기 중에는 상대방의 예상치 못한 동작에 순간적으로 대응해야 하며, 이러한 능력은 인생의 어떤 도전에도 적용될 수 있습니다. 실제로 많은 주짓수 선수들이 선수 생활 이후에도 이러한 적응력을 바탕으로 비즈니스나 다른 분야에서 성공을 거두고 있습니다.

제 자신의 이야기를 예로 들어보겠습니다. 저는 한때 좋은 공기업에서 일하며 안정적인 삶을 살았습니다. 하지만 그것만으로는 제가 꿈꾸던 삶이 아니었습니다. 더 큰 꿈을 향해 나아가고 싶었고, 주짓수를 배우며 꿈이 커졌고 결국 주짓수 체육관을 차리기로 결심했습니다.

그 당시 부모님, 친구들, 지인들… 모두가 반대했습니다. "안정적인 직장을 왜 그만두냐", "체육관이 얼마나 힘든데", "실패할 것이다"라는 말들이 쏟아졌습니다. 하지만 저는 도전했고, 지금은 많은 사람들이 부러워하는 체육관 관장이 되었습니다.

성장 마인드셋과 회복탄력성

'성장 마인드셋Growth Mindset'이라는 개념은 능력이 고정된 것이 아니라 노력과 학습을 통해 발전할 수 있다는 믿음을 의미합니다. 이러한 마인드셋을 가진 사람들은 도전을 즐기고, 실패에서 배우며, 변화하는 환경에 더 잘 적응합니다.

주짓수는 이러한 성장 마인드셋을 기르는 데 이상적인 환경을 제공합니다. 새로운 기술을 배우고, 다양한 상대와 대련하며, 실패와 성공을 반복하는 과정에서 아이들은 자연스럽게 성장 마인드셋을 발달시킵니다.

주짓수에서는 매일 새로운 도전에 직면합니다. 새로운 기술을 배우고, 더 강한 상대와 대련하고, 자신의 한계를 뛰어넘는 과정에서 아이들은 도전을 두려워하지 않는 마음가짐을 갖게 됩니다.

또한 주짓수는 상황에 따라 끊임없이 적응해야 하는 스포츠입니다. 상대방의 움직임, 체력 상태, 경기 상황 등에 따라 전략을 바꾸고 적응해야 합니다. 이런 경험이 아이들에게 변화에 유연하게 대응하는 능력을 길러줍니다.

현대 사회에서는 이런 도전 정신과 변화 적응력이 무엇보다 중요합니다. AI와 자동화로 많은 일자리가 사라지고 새로운 직업이 생겨나는 시대에, 변화를 두려워하지 않고 새로운 도전에 나설 수 있는 능력은 큰 경쟁력이 됩니다.

협력과 사회성: 성공적인 인간관계의 기초

주짓수는 혼자서는 할 수 없는 운동입니다. 반드시 파트너가 필요합니다. 이런 특성 때문에, 주짓수를 하면서 아이들은 자연스럽게 타인과 협력하는 법, 타인을 배려하고 존중하는 태도를 배웁니다.

디지털 시대의 사회성 위기와 해결책

현대 사회, 특히 디지털 기기의 발달로 인해 아이들의 직접적인 대면 상호작용이 줄어들고 있습니다. 소셜 미디어와 온라인 게임은 아이들의 많은 시간을 차지하고 있으며, 이로 인해 실제 사회적 상호작용 능력 발달에 어려움을 겪는 아이들이 늘고 있습니다.

미국 소아과학회가 2020년 발표한 「Screen Time and Children's Mental Health」 연구에 따르면, 과도한 스크린 타임은 아이들의 사회성 발달에 부정적인 영향을 미친다고 합니다. 심지어 일부 아이들은 '디지털 치매'라 불리는 현상을 경험하기도 합니다. 이는 디지털 기기에 과도하게 의존함으로써 대면 상호작용 능력, 감정 인식 능력 등이 저하되는 현상을 말합니다.

이런 상황에서 주짓수 훈련은 다양한 파트너와 함께 연습하는 환경을 제공합니다. 때로는 자신보다 어린 친구와, 때로는 나이가 많은 사람과 훈련하면서 상대에 맞춰 기술과 힘을 조절하는 법을 배웁니다. 경험이 적은 파트너에게는 기술을 알려주고, 경험이 많은 파트너에게는 배우는 태도로 임합니다.

이런 과정에서 아이들은 자연스럽게 사회성을 기르게 됩니다. 다양한 사람들과 상호작용하는 법, 자신의 행동이 타인에게 미치는 영향을 인식하는 능력, 그리고 효과적으로 소통하는 기술을 습득합니다.

공감 능력과 다양성 존중

주짓수 체육관은 다양한 배경, 나이, 성별, 체형의 사람들이 함께 훈련하는 공간입니다. 이런 환경에서 아이들은 자연스럽게 다양성을 접하고, 서로 다른 사람들을 존중하는 태도를 배웁니다.

준영(가명)의 이야기가 좋은 예입니다. 준영이는 처음 체육관에 왔을 때 매우 내성적이고 소통에 어려움을 겪는 아이였습니다. 다른 아이들과 잘 어울리지 못했고, 눈 맞춤도 잘 하지 못했습니다.

하지만 주짓수를 배우면서 준영이는 점차 변화하기 시작했습니다. 처음에는 파트너와 기술을 연습하는 것도 어색해했지만, 시간이 지나면서 자연스럽게 대화하고 협력하는 모습을 보이기 시작했습니다. 특히 자신보다 어린 친구들에게 기술을 가르쳐주면서 리더십과 자신감을 키워갔습니다.

6개월이 지났을 때, 준영이의 어머니는 "선생님, 준영이가 학교에서도 친구들과 잘 어울리기 시작했어요. 담임 선생님께서도 준영이의 변화가 놀랍다고 하셨어요. 이제는 조별 활동에서도 적극적으로 참여하고, 심지어 의견을 내고 리드하는 모습도 보인다고 하셨어요."

　주짓수와 같은 격투 스포츠는 사회성 발달에 놀라운 효과를 가져올 수 있습니다. 훈련 과정에서 다양한 사람들과 소통하고 협력하면서 자연스럽게 사회성이 향상됩니다. 특히 내성적이거나 의사소통에 어려움을 겪는 아이들에게 큰 도움이 됩니다. 실제로 2021년 「Journal of Sports Psychology」에 발표된 연구에 따르면, 많은 선수들이 격투 스포츠를 통해 말더듬증과 같은 의사소통 장애를 극복한 사례가 있습니다.

　2020년 링크드인 LinkedIn이 발표한 '가장 수요가 많은 소프트 스킬 Soft Skills' 중 상위를 차지한 것이 바로 '협력 능력'과 '적응력'이었습니다. 이는 빠르게 변화하는 직업 환경에서 다양한 배경과 관점을 가진 사람들과 효과적으로 협력할 수 있는 능력이 얼마나 중요한지를 보여줍니다.

　이처럼 주짓수를 통해 길러진 협력 능력과 사회성은 학교생활뿐만 아니라, 미래 직업 세계에서도 큰 자산이 됩니다. 현대 사회의 대부분의 직업은 팀워크와 협업이 필수적이기 때문입니다. 혼자서 모든 것을 해결하는 시대는 지났습니다. 이제는 다양한 배경과 능력을 가진 사람들과 효과적으로 협력할 수 있는 능력이 성공의 열쇠입니다.

스포츠와 비즈니스의 공통점: 규칙, 반복, 승리

스포츠와 비즈니스는 놀라울 정도로 많은 공통점을 가지고 있습니다. 둘 다 명확한 규칙 안에서 이루어지며, 성공하기 위해서는 반복적인 연습과 노력이 필요하고, 궁극적으로는 '승리'라는 목표를 향해 나아갑니다.

규칙 안에서의 창의성

주짓수에서 아이들은 먼저 규칙을 배웁니다. 어떤 기술이 허용되고 어떤 기술이 금지되는지, 파트너를 존중하는 방법, 매트 위에서의 예절 등을 배웁니다. 이런 규칙 안에서 자유롭게 자신의 능력을 발휘하는 법을 배우게 됩니다.

주짓수는 정해진 규칙 안에서 창의성을 발휘하는 방법을 가르쳐 줍니다. 허용된 기술과 금지된 기술이 명확하게 정해져 있지만, 그 안에서 무한한 변형과 응용이 가능합니다. 이는 비즈니스 세계와 매우 유사합니다. 성공적인 비즈니스 리더는 법규와 시장 조건이라는 제약 안에서도 혁신을 만들어내는 방법을 알고 있습니다.

비즈니스 세계도 마찬가지입니다. 법규, 업계 관행, 회사 정책 등 다양한 규칙 안에서 창의성과 혁신을 발휘해야 합니다. 규칙을 무시하거나 위반하는 것은 단기적으로는 이득을 가져올 수 있을지 모르지만, 장기적으로는 실패로 이어집니다.

혁신적인 기업가로 알려진 일론 머스크^{Elon Musk}도 2018년 TED 인터뷰에서 "규칙을 배우고 나서 그것을 더 잘하는 방법을 찾는 것"이 성공의 비결이라고 말한 바 있습니다. 이는 주짓수에서도 마찬가지입니다. 기본 기술과 원칙을 철저히 익힌 후, 자신만의 스타일과 전략을 발전시키는 과정에서 창의성이 발휘됩니다.

반복을 통한 성장

주짓수에서는 반복적인 연습이 중요합니다. 한 가지 기술을 마스터하기 위해서는 수백, 수천 번의 반복이 필요합니다. 지루하고 힘든 과정이지만, 이러한 반복 없이는 실력 향상이 불가능합니다.

주짓수에서는 기본 동작을 완벽하게 마스터하기 위해 끊임없는 반복이 필요합니다. 이 과정은 때로는 지루하고 힘들지만, 이런 기본기가 없이는 고급 기술로 나아갈 수 없습니다.

비즈니스에서도 성공은 하루아침에 이루어지지 않습니다. 끊임없는 학습, 실패와 도전, 그리고 꾸준한 노력이 필요합니다. 한 분야의 전문가가 되기 위해서는 최소 10,000시간의 연습이 필요하다는 '1만 시간의 법칙'이 이를 잘 설명해줍니다.

주짓수에서 배우는 인내심과 반복의 가치는 비즈니스 성공에 큰 자산이 됩니다. 기업가이자 투자자인 워렌 버핏 Warren Buffett 은 2017년 CNBC 인터뷰에서 "성공의 비결은 단기적인 결과에 연연하지 않고 장기적인 비전을 가지고 꾸준히 노력하는 것"이라고 말했습니다. 이는 주짓수를 통해 아이들이 자연스럽게 배우게 되는 가치와 일맥상통합니다.

실패를 통한 학습

주짓수와 비즈니스 모두 '승리'를 추구합니다. 주짓수에서는 대회에서의 우승, 다음 벨트로의 승급, 또는 특정 기술의 마스터가 승리의 형태로 나타납니다.

비즈니스에서는 매출 증가, 시장 점유율 확대, 혁신적인 제품 개발 등이 승리의 모습입니다. 하지만 중요한 것은, 진정한 승리는 단순히 결과가 아니라 그 과정에서 얻는 성장과 발전이라는 점입니다. 주짓수에서 아이들은 이긴 것보다 얼마나 성장했는지가 더 중요하다는 것을 배웁니다. 이러한 마인드셋은 비즈니스 세계에서도 장기적인 성공을 이끄는 원동력이 됩니다.

테슬라와 스페이스X의 CEO 일론 머스크Elon Musk는 2016년 Bloomberg와의 인터뷰에서 자신의 끈질긴 도전 정신의 원천으로 어린 시절 격투 스포츠 경험을 꼽습니다. 그는 "실패를 두려워하지 않고 계속 시도하는 태도를 배웠다"며 "스포츠에서 배운 '지속적인 개선'의 정신이 비즈니스 성공의 핵심"이라고 말했습니다.

우재(가명)의 이야기가 이를 잘 보여줍니다. 우재는 처음 주짓수 대회에 나갔을 때 패배했습니다. 경기를 마친 후 우재는 탈의실에서 고개를 숙이고 울고 있었습니다. 그때 제가 다가가 우재의 어깨를 토닥이며 말했습니다.

"우재야, 패배는 결코 끝이 아니야. 오늘 네가 졌다는 것은 아직 배울 것이 있다는 뜻이야. 매 패배는 성장의 기회란다. 오늘 무엇이 부족했는지 생각해보고, 다음에는 더 나아질 수 있을 거야."

우재는 그 말을 마음에 새기고 더욱 열심히 훈련했습니다. 다음 대회에서도, 그 다음 대회에서도 우승하지 못했지만, 매번 조금씩 성장하는 모습을 보였습니다. 대회를 마칠 때마다 우리는 함께 그 날의 경기를 분석하고, 무엇을 배웠는지 이야기했습니다.

1년 후, 우재는 마침내 대회에서 우승했습니다. 트로피를 받은 후 우재가 제게 달려와 말했습니다. "관장님, 제가 이길 수 있었던 건 그동안의 패배와 관장님의 조언 덕분이에요. 매번 졌지만, 그때마다 뭔가를 배웠고, 그게 쌓여서 지금의 저를 만들었어요."

이러한 태도는 우재의 학업과 일상생활에도 영향을 미쳤습니다. 그는 시험에서 실패해도 좌절하기보다는 그것을 배움의 기회로 삼았고, 결국 그의 성적은 크게 향상되었습니다. 이러한 태도는 미래의 직업 세계에서도 큰 자산이 될 것입니다.

이처럼 주짓수에서 배우는 '규칙 안에서의 창의성', '반복을 통한 성장', '과정 중심의 승리관'은 비즈니스 세계에서도 큰 자산이 됩니다. 이런 가치들을 어린 시절부터 내면화한 아이들은 미래 직업 세계에서도 탁월한 성과를 낼 가능성이 높습니다.

운동 철학이 인생 전략이 되는 과정

주짓수를 통해 아이들이 배우는 것은 단순한 신체 기술만이 아닙니다. 그들은 삶의 철학, 가치관, 그리고 인생을 살아가는 전략을 배웁니다. 이러한 '운동 철학'은 아이들의 성장 과정에서 점차 내면화되어 그들의 삶 전반에 영향을 미치게 됩니다.

주짓수의 핵심 철학과 그 영향

주짓수가 가르치는 핵심 철학 중 하나는 긍정적이고 적극적인 태도입니다. 어려운 상황에서도 포기하지 않고, 가능성을 찾아 도전하는 정신을 기릅니다. 또한 과정의 중요성을 강조합니다. 결과도 중요하지만, 그 결과에 이르는 과정에서의 노력과 성장이 더 가치 있다는 것을 가르칩니다.

이 철학은 브라질 주짓수의 창시자인 헬리오 그레이시(Helio Gracie)의 "크기나 힘이 아니라, 기술과 전략이 승리한다"는 말에서도 잘 드러납니다. 이는 삶에서도 주어진 조건이나 환경을 탓하기보다는, 자신이 통제할 수 있는 기술과 전략을 발전시키는 데 집중해야 한다는 교훈을 담고 있습니다.

로저 페더러와 같은 세계적인 테니스 선수는 2019년 ATP 투어 인터뷰에서 "스포츠에서 배운 가장 중요한 교훈은 과정을 즐기는 것"이라고 말했습니다. 그는 승리보다 테니스 자체를 사랑하는 마음이 장기적인 성공의 비결이라고 강조합니다. 이러한 철학은 그의 비즈니스 활동과 자선 활동에도 그대로 반영되어 있습니다.

이런 철학은 아이들이 성장하면서 그들의 인생 전략으로 자리 잡게 됩니다. 학업에서의 도전, 친구 관계에서의 갈등, 미래 진로 결정 등 다양한 상황에서 이러한 철학이 그들의 선택과 행동을 이끌게 됩니다.

성공한 사람들의 운동 철학

흥미롭게도, 많은 성공한 기업가들이 자신의 성공 비결 중 하나로 어릴 때 배운 운동 철학을 꼽습니다. 애플의 전 CEO 스티브 잡스Steve Jobs는 월터 아이작슨의 2011년 전기에 따르면, 젊은 시절 불교와 함께 일본 무도를 수련했으며, 이를 통해 배운 단순함과 집중의 철학이 애플 제품의 미학적 디자인에 큰 영향을 미쳤다고 합니다.

페이스북의 마크 저커버그Mark Zuckerberg, 트위터의 잭 도시Jack Dorsey, 유튜브 CEO 수전 워치츠키 등 많은 실리콘밸리 리더들이 주짓수와 같은 격투 스포츠를 수련합니다. 그들은 2018년 Business Insider 인터뷰에서 이러한 운동을 통해 배운 회복탄력성, 전략적 사고, 지속적인 학습의 가치가 비즈니스 리더십에도 큰 도움이 된다고 말했습니다.

저커버그는 2020년 Joe Rogan Experience 팟캐스트 인터뷰에서 이렇게 말했습니다.

"주짓수는 마치 살아있는 체스 게임과 같습니다. 매 순간 전략적 결정을 내려야 하고, 상대의 움직임을 예측해야 하며, 자신의 다음 행동을 계획해야 합니다. 이런 사고방식은 비즈니스를 운영하는 데도 큰 도움이 됩니다."

UFC 챔피언 코너 맥그리거는 2017년 UFC 프레스 컨퍼런스에서 "승리는 준비를 통해 이미 결정된다"는 철학으로 유명합니다. 이 철학은 주짓수와 격투 스포츠에서 비롯된 것이지만, 그의 비즈니스 벤처와 부동산 투자에도 적용되어 큰 성공을 이루게 했습니다.

NBA 전설 마이클 조던은 1997년 나이키 광고에서 "나는 인생에서 수천 번 실패했고, 바로 그것이 내 성공의 이유다"라는 명언을 남겼습니다. 그의 농구 철학은 그의 비즈니스 활동과 인생 전략의 기반이 되었습니다. 주짓수에서도 이와 같은 철학을 배울 수 있습니다.

민호(가명)의 이야기가 좋은 예입니다. 민호는 중학교 시절부터 주짓수를 시작했습니다. 운동에 대한 열정이 남달랐던 그는 주짓수를 통해 자신의 진로까지 발견하게 되었습니다. 고등학교를 다니면서 물리치료학과에 진학하여 운동재활 전문가가 되겠다는 꿈을 갖게 된 것입니다.

그러나 첫 번째 대학 입시에서 민호는 아쉽게 원하던 학교에 떨어졌습니다. 많은 친구들이 다른 대학이나 다른 전공으로 방향을 바꾸라고 조언했지만, 민호는 자신의 꿈을 포기하지 않고 재수를 선택했습니다.

　재수 생활은 쉽지 않았습니다. 친구들은 모두 대학에 가고, 혼자 공부하는 시간이 길어지면서 불안감과 초조함이 커졌습니다. 그때 민호가 저를 찾아왔습니다.

"관장님, 제가 정말 이 길을 계속 가야 할까요? 다른 길을 찾는 게 나을까요?"

저는 민호에게 이렇게 말했습니다.

"민호야, 주짓수를 할 때 생각해봐. 처음에 기술을 배울 때, 한 번에 완벽하게 되지 않았지? 수없이 반복하고, 실패하고, 다시 도전하는 과정을 거쳤잖아. 인생도 마찬가지야. 과정을 즐기고, 결과에 집착하지 말아. 매일 조금씩 성장하고 있다는 사실을 기억하며, 네가 정말 원하는 것을 향해 나아가렴."

　민호는 그 조언을 마음에 새기고 포기하지 않았습니다. 그는 재수 생활 중에도 체육관에 와서 주짓수를 통해 스트레스를 해소하고 마음의 균형을 유지했습니다. 특히 '과정을 즐기고, 결과에 집착하지 말라'는 가르침을 자신의 공부 방식에도 적용했습니다.

　1년 후, 민호는 마침내 원하던 물리치료학과에 합격했습니다.

그가 합격 소식을 듣고 체육관에 왔을 때, 그의 얼굴에 번진 기쁨을 잊을 수 없습니다.

"관장님, 제가 해냈어요! 1년이 쉽지 않았지만, 그 과정에서 정말 많이 배웠어요. 관장님 말씀대로 과정 자체를 즐기려고 노력했더니, 공부하는 방식도 달라지고 마음의 여유도 생겼어요."

현재 민호는 대학을 졸업하고 스포츠 재활 센터에서 물리치료사로 일하고 있습니다. 얼마 전 그가 체육관을 찾아왔을 때 이런 말을 했습니다.

"관장님, 제가 지금 하는 일에 주짓수가 정말 큰 도움이 되고 있어요. 환자들이 재활 과정에서 좌절하고 포기하려 할 때, 저는 주짓수에서 배운 '과정의 중요성'을 강조해요. 결과에 집착하지 말고 매일의 작은 발전에 의미를 두라고 조언하죠. 그리고 무엇보다 주짓수를 통해 배운 인내심과 끈기가 제 직업 생활에서 가장 큰 자산이 되고 있어요. 관장님께 정말 감사드립니다."

이처럼 주짓수에서 배우는 철학과 가치관은 아이들의 인생 전략이 되어, 그들이 어떤 환경에서도 성공적으로 적응하고 성장할 수 있도록 도와줍니다. 이는 단기적인 성과보다 훨씬 더 큰 가치를 지닌 평생의 자산입니다.

실제 성공 사례: 주짓수를 통해 얻은 평생의 자산

지난 10년간 제 체육관에서 주짓수를 배운 아이들 중 많은 수가 이제 성인이 되어 각자의 분야에서 성공적인 삶을 살고 있습니다. 그들의 이야기는 운동, 특히 주짓수가 어떻게 아이들의 미래 성공에 기여하는지를 생생하게 보여줍니다.

주짓수를 짧게 경험한 아이들의 경우, 그 효과를 명확히 말하기는 어렵습니다. 하지만 기본적으로 3~4년 이상 꾸준히 주짓수를 한 학생들은 대부분 뚜렷한 목표의식을 가지고 있으며, 그 목표를 향해 열심히 나아가는 모습을 보입니다.

실제로 많은 성공한 기업가들은 Harvard Business Review의 2018년 연구 「Athletic Mindset and Business Success」에 따르면, 운동, 특히 고강도 신체 활동을 통해 얻은 정신적 강인함이 비즈니스 성공에 결정적이었다고 말합니다. 세계적인 기업가들이 도전적인 스포츠에 참여하는 이유는 바로 이런 정신적 자산을 키우기 위해서입니다.

주짓수는 단순한 스포츠가 아니라 인생의 모든 도전을 극복하는 철학을 담고 있습니다. 이 철학은 매트 위에서뿐만 아니라 일상생활과 비즈니스 세계에서도 적용될 수 있어, 많은 리더들에게 영감을 주고 있습니다.

주짓수에서 가장 중요한 것은 기술이 아니라 마음가짐입니다. 정신적 강인함이 모든 성공의 기반이며, 이는 비즈니스나 다른 어떤 분야에서도 마찬가지입니다. 기술은 연습을 통해 얻을 수 있지만, 올바른 마음가짐은 더 깊은 차원의 훈련을 필요로 합니다.

특히 저의 제자들 중에는 직업군인, 경찰 등 운동 능력을 필요로 하는 직업군을 선택한 경우가 많습니다. 주짓수를 통해 길러진 체력과 정신력이 이러한 직업을 선택하는 데 자신감을 주었을 것입니다. 물론 치과의사, 한의사 등 전문직에 종사하는 제자들도 있습니다. 그들은 주짓수에서 배운 집중력, 끈기, 도전 정신이 학업과 직업 생활에서 큰 도움이 되었다고 말합니다.

수진(가명)의 이야기는 특히 인상적입니다. 그녀는 20대 초반의 성인 여성으로, 경찰이 되고자 하는 꿈을 가지고 있었습니다. 정의감이 강했던 수진은 여자 경찰이 되기 위해 시험을 준비했지만, 체력 시험과 필기 시험에서 번번이 떨어졌습니다. 여러 번의 실패 후, 그녀는 꿈을 포기하려 했습니다.

"더 이상 도전하는 것이 무의미하게 느껴져요. 제 체력으로는 어림없을 것 같아요."

그때 지인의 소개로 수진은 우연히 저희 주짓수 체육관을 찾게 되었습니다. 처음에는 단순히 체력 향상을 위해 시작했지만, 훈련이 진행될수록 주짓수의 다양한 가치를 배우게 되었습니다.

훈련 후 종종 남아서 이야기를 나누면서, 수진씨는 자신의 고민을 털어놓았고, 저는 그녀에게 조언을 해주었습니다.

"수진 씨, 경찰 시험에 떨어진 것은 끝이 아니라 새로운 시작입니다. 주짓수에서 기술을 배울 때처럼, 실패는 배움의 기회예요. 각 시험에서 부족했던 점을 분석하고, 그것을 보완하기 위한 계획을 세워봐요."

수진씨는 제 조언을 받아들이고, 주짓수 훈련과 함께 체계적인 체력 훈련을 시작했습니다. 저는 경찰 체력 시험에 필요한 특화된 훈련 프로그램을 만들어 그녀를 도왔습니다. 또한 주짓수 훈련을 통해 정신적 강인함과 자신감도 함께 키워나갔습니다.

6개월 후, 수진씨는 다시 경찰 시험에 도전했고, 마침내 합격했습니다. 합격 소식을 들은 날, 그녀는 눈물을 흘리며 체육관에 찾아왔습니다.

"관장님, 제가 해냈어요! 주짓수가 아니었다면 불가능했을 거예요. 체력도 많이 향상되었지만, 무엇보다 주짓수를 통해 배운 인내심과 끈기가 가장 큰 도움이 되었어요."

현재 수진씨는 여자 경찰로 활동하며, 가끔 휴일에 체육관을 찾아옵니다. 그녀는 후배들에게 자신의 경험을 나누며 이렇게 말합니다.

"주짓수는 단순한 운동이 아니에요. 삶의 자세와 태도를 가르쳐주는 학교예요. 제가 포기하지 않고 꿈을 이룰 수 있었던 것은 주짓수를 통해 배운 가치들 덕분이에요. 특히 실제 현장에서도 주짓수 기술이 유용하게 활용되고 있어요."

주짓수와 같은 격투 스포츠에서 길러진 '적응력'은 인생의 다양한 영역에서 성공할 수 있게 해줍니다. Oxford University Press의 2019년 연구 「Martial Arts and Life Success」에 따르면, 많은 격투기 선수들이 은퇴 후 배우, 사업가, 자선가 등 전혀 다른 분야에서 성공을 거두는 것은 이런 적응력 덕분입니다.

민우(가명)의 이야기도 비슷합니다. 그는 어린 시절부터 군인이 되고 싶었습니다. 고등학교를 졸업한 후, 특전사에 지원했지만 체력 시험에서 탈락했습니다. 좌절감을 느끼던 그때, 민우는 주짓수를 시작했습니다.

주짓수 훈련은 민우에게 단순한 체력 향상 이상의 것을 가져다주었습니다. 규칙적인 훈련, 집중력, 그리고 어려움을 극복하는 정신력을 기를 수 있었습니다. 특히 주짓수에서의 스파링은 실전과 같은 상황에서의 대처 능력을 향상시켰습니다.

1년 후, 민우는 다시 특전사에 지원했고 이번에는 합격했습니다. 현재 그는 특전사 부대원으로 복무하며, 휴가 때마다 체육관을 찾아 후배들을 지도하기도 합니다.

"주짓수는 저에게 단순한 운동 이상이었습니다. 육체적인 강인함뿐만 아니라 정신적인 강인함도 길러주었고, 이는 군 생활에서 큰 자산이 되고 있습니다. 특히 위기 상황에서의 침착함과 순간적인 판단력은 주짓수 훈련에서 얻은 가장 소중한 능력입니다."

이처럼 주짓수를 통해 얻은 자질과 가치들은 사람들이 어떤 직업을 선택하든 큰 자산이 됩니다. 그것은 단순한 체력이나 기술을 넘어, 삶을 살아가는 데 필요한 근본적인 태도와 역량입니다.

운동이 경제적 성공으로 이어지는 과학적 근거

운동이 아이들의 미래 성공, 특히 경제적 성공에 미치는 영향은 단순한 추측이나 경험적 관찰을 넘어, 다양한 연구를 통해 과학적으로 증명되고 있습니다.

인지 기능과 학업 성취도 향상

미국 일리노이 대학의 연구팀이 2019년 「Journal of Cognitive Neuroscience」에 발표한 연구에 따르면, 규칙적인 운동은 뇌의 전두엽 발달에 긍정적인 영향을 미칩니다. 전두엽은 계획 수립, 의사 결정, 자기 통제, 사회적 행동 등을 담당하는 뇌 영역으로, 이러한 능력들은 직업 세계에서의 성공과 밀접한 관련이 있습니다.

컬럼비아 대학 의과대학의 연구진이 2018년 「NeuroImage 저널」에 발표한 연구에서는 규칙적인 신체 활동이 해마hippocampus의 크기를 증가시킨다는 사실을 발견했습니다. 해마는 기억력과 학습에 중요한 역할을 하는 뇌 부위입니다. 이 연구에 따르면, 주 3회 이상 규칙적으로 운동하는 아이들은 그렇지 않은 아이들에 비해 인지 기능 테스트에서 15-20% 더 높은 점수를 보였습니다.

이런 인지 기능의 향상은 학업 성취뿐만 아니라, 미래 직업에서의 생산성과 문제 해결 능력에도 긍정적인 영향을 미칩니다. 특히 창의적 사고와 복잡한 문제 해결이 중요시되는 현대 직업 환경에서, 이러한 인지 능력의 발달은 큰 경쟁력이 됩니다.

정서적 안정과 스트레스 관리

하버드 비즈니스 리뷰가 2020년 발표한 「Exercise and Executive Performance」 보고서는 정기적으로 운동하는 경영자들이 그렇지 않은 경영자들보다 의사 결정 능력, 시간 관리 능력,

생산성 등에서 우수한 성과를 보인다고 보고했습니다. 이는 운동을 통해 길러진 규율, 자기 관리 능력, 스트레스 관리 능력 등이 직업적 성공으로 이어진다는 것을 시사합니다.

또한 운동은 스트레스 호르몬인 코르티솔 수치를 낮추고, 행복 호르몬인 엔돌핀과 세로토닌 분비를 촉진합니다. 이는 정서적 안정감과 긍정적인 마인드셋 형성에 도움을 주며, 이러한 정서적 건강은 직업적 성공의 중요한 요소입니다.

맥킨지 글로벌 연구소가 2019년 발표한 「Workplace Wellbeing and Productivity」 보고서에 따르면, 정서적 안정감과 스트레스 관리 능력이 높은 직원들은 그렇지 않은 직원들보다 생산성이 23% 더 높고, 이직률도 67% 더 낮다고 합니다. 이는 운동을 통해 길러진 정서적 안정감이 직업 세계에서 얼마나 중요한 자산이 될 수 있는지 보여줍니다.

자기 효능감과 리더십 발달

자기 효능감 self-efficacy은 특정 과제나 도전을 성공적으로 수행할 수 있다는 개인의 믿음을 말합니다. 이 자기 효능감은 경제적 성공과 밀접한 관련이 있다는 연구 결과들이 있습니다.

스탠포드 대학의 심리학자 앨버트 반두라 Albert Bandura가 1997년 발표한 저서 「Self-Efficacy: The Exercise of Control」의 연구에 따르면, 높은 자기 효능감을 가진 사람들은 더 도전적인 목표를 설정하고, 어려움에 직면했을 때 더 끈기 있게 노력하며, 결과적으로 더 큰 성공을 거두는 경향이 있다고 합니다.

특히 주짓수와 같은 격투 스포츠는 자기 훈련과 정신적 강인함을 기르는 데 특히 효과적입니다. 상대방과의 대결 상황에서 침착함을 유지하고, 순간적인 판단을 내리고, 역경을 극복하는 능력은 비즈니스 세계에서도 큰 자산이 됩니다.

존스 홉킨스 대학교의 연구진이 2018년 「Journal of Sport and Health Science」에 발표한 연구는 "아동기의 규칙적인 운동 참여가 성인기의 경제적 성취와 유의미한 상관관계가 있다"는 결과를 보여줍니다. 이 연구에 따르면, 운동을 통해 길러진 규율, 목표 지향성, 팀워크 능력 등이 직업 환경에서 높은 성과로 이어진다는 것입니다.

이처럼 운동, 특히 주짓수와 같은 활동을 통해 길러진 자질과 능력들은 직업 세계에서 경제적 성공으로 이어질 수 있는 중요한 자산입니다. 아이들에게 이러한 기회를 제공하는 것은 그들의 미래 경제적 성공을 위한 가장 효과적인 투자라고 할 수 있습니다.

월스트리트 저널이 2020년 발표한 「Athletes in Business」 기사에 따르면, 많은 금융가와 기업가들이 격투 스포츠를 통해 비즈니스 세계에서 유용한 교훈을 얻는다고 말합니다. 실패를 두려워하지 않는 태도, 목표 달성을 위한 끈기, 상대의 강점과 약점을 분석하는 능력 등이 그것입니다.

주짓수에서 길러지는 '적응력'과 '순간적 판단력'은 투자나 비즈니스 의사결정에도 큰 도움이 됩니다. 복잡하고 빠르게 변화하는 시장 상황에서 냉정하게 판단하고 적응하는 능력은 성공적인 투자자와 기업가의 핵심 역량입니다.

또한 스포츠 활동은 네트워킹과 인맥 형성에도 도움이 됩니다. 공통의 관심사를 가진 사람들과의 교류는 미래 직업 세계에서 중요한 자원이 될 수 있습니다. 실제로 많은 비즈니스 거래와 협력이 골프장이나 스포츠 클럽에서 이루어지는 것은 우연이 아닙니다.

더불어, 운동은 자신감과 긍정적인 자아상 형성에 기여합니다. 이러한 자신감은 면접, 프레젠테이션, 협상 등 직업 세계의 다양한 상황에서 성공적인 수행을 가능하게 합니다.

종합하면, 운동, 특히 주짓수와 같은 격투 스포츠는 아이들에게 단순한 신체 활동을 넘어, 미래 경제적 성공의 토대가 되는 다양한 역량을 길러줍니다. 이러한 역량들은 어떤 직업 분야에서든 가치 있는 자산이 되며, 아이들이 성공적인 직업 생활을 영위하는 데 큰 도움이 됩니다.

평생의 자산: 운동을 통해 얻는 지속 가능한 경쟁력

운동을 통해 얻는 역량과 가치는 일시적인 것이 아니라, 평생 동안 지속되는 자산입니다. 특히 빠르게 변화하는 현대 사회에서, 이러한 지속 가능한 경쟁력은 더욱 중요한 의미를 갖습니다.

현대 사회는 기술의 발전과 산업 구조의 변화로 인해 직업 환경이 빠르게 변화하고 있습니다. 오늘날 배운 기술이나 지식은 내일이면 쓸모없게 될 수 있습니다. 하지만 운동을 통해 길러진 인내심, 적응력, 도전 정신, 협력 능력 등은 어떤 환경 변화에도 불구하고 계속해서 가치를 발휘합니다.

운동을 통해 얻은 적응력과 회복력은 어떤 환경에서도 뛰어난 성과를 낼 수 있게 하는 핵심 요소입니다. 이러한 정신적 자산은 운동 경기뿐만 아니라 비즈니스와 일상생활에서도 중요한 역할을 합니다.

또한 운동은 평생 건강의 기반이 됩니다. 건강은 경제적 성공의 기본 전제조건입니다. 아무리 뛰어난 능력을 가지고 있더라도, 건강하지 않다면 그 능력을 제대로 발휘할 수 없습니다. 어린 시절부터 운동을 통해 건강한 생활 습관을 형성하는 것은, 미래의 성공적인 직업 생활을 위한 중요한 투자입니다.

주짓수는 특히 이러한 지속 가능한 경쟁력을 키우는 데 효과적입니다. 주짓수는 단순한 체력이나 기술뿐만 아니라, 계속해서 배우고 성장하는 마인드셋을 강조합니다. 이러한 성장 마인드셋은 빠르게 변화하는 현대 사회에서 적응하고 성공하는 데 필수적인 요소입니다.

또한 주짓수는 생애 주기 전반에 걸쳐 계속할 수 있는 운동입니다. 나이가 들어도, 신체 조건이 변해도, 각자의 상황과 능력에 맞게 계속해서 훈련하고 발전할 수 있습니다. 이는 평생 학습과 성장의 중요성이 강조되는 현대 사회에서 큰 의미를 갖습니다.

결국, 운동, 특히 주짓수를 통해 아이들이 얻는 것은 단순한 기술이나 일시적인 성취가 아닙니다. 그것은 평생 동안 그들의 성공과 행복에 기여하는 지속 가능한 자산입니다. 이러한 자산은 어떤 직업을 선택하든, 어떤 환경 변화가 오든, 계속해서 가치를 발휘할 것입니다.

부모님을 위한 실질적 조언

아이의 미래 성공을 위해 운동, 특히 주짓수를 선택하려는 부모님들께 몇 가지 실질적인 조언을 드리고 싶습니다.

1. 장기적 관점 유지하기

운동의 효과는 즉각적으로 나타나지 않을 수 있습니다. 인내심을 갖고 장기적인 관점에서 아이의 성장을 지켜봐 주세요. 주짓수 훈련 초기에는 기술 습득보다 기본적인 규율과 태도를 배우는 시간이 필요합니다. 아이가 처음 몇 주 또는 몇 달 동안 눈에 띄는 발전을 보이지 않더라도 실망하지 마세요.

<u>실천 팁:</u>
- 아이와 함께 6개월, 1년, 2년 단위의 장기 목표를 설정해보세요.
- 훈련 일지를 작성하게 하여 작은 발전과 변화도 기록할 수 있게 해주

세요.

- 벨트 승급이나 대회 성적보다 꾸준한 참여와 노력을 더 칭찬해주세요.

2. 성장 과정 함께하기

아이가 운동을 통해 배우는 가치와 경험을 함께 나누세요. 훈련 후 대화를 통해 어떤 것을 배웠는지, 어떤 도전이 있었는지 이야기해보세요. 부모의 관심과 지지는 아이의 동기부여에 큰 영향을 미칩니다.

실천 팁:
- 집에서 함께 스트레칭이나 간단한 운동을 해보세요.
- 훈련 후 "오늘 가장 어려웠던 점은 무엇이었니?"와 같은 구체적인 질문으로 대화를 시작해보세요.
- 유명 격투기 선수의 경기나 다큐멘터리를 함께 시청하며 관심을 공유하세요.

3. 실패를 배움의 기회로 삼기

아이가 시합에서 패하거나 기술 습득에 어려움을 겪을 때, 이를 성장의 기회로 삼을 수 있도록 도와주세요. 실패는 성공의 필수적인 부분이라는 것을 강조하고, 실패 경험을 분석하고 배우는 습관을 길러주세요.

실천 팁:

- 아이가 패배했을 때 "무엇을 배웠니?"라고 물어보세요.
- 유명 선수들도 패배를 경험하고 그것을 통해 성장했다는 사례를 공유하세요.
- 실패 후 "다음에는 어떻게 다르게 할 수 있을까?"를 함께 고민해보세요.
- 실패 후 포기하지 않고 다시 도전하는 아이의 태도를 특별히 칭찬해주세요.

4. 운동 철학을 일상에 적용하기

   주짓수에서 배운 가치와 원칙을 일상생활에서도 적용할 수 있도록 격려해주세요. 학업, 대인관계, 다른 도전들에서도 같은 원칙을 적용할 수 있음을 알려주세요.

실천 팁:

- 숙제가 어려울 때 "주짓수 훈련에서처럼 한 번에 조금씩 해보자"라고 조언해보세요.
- 친구와 갈등이 있을 때 주짓수에서 배운 존중과 인내의 가치를 상기시켜주세요.
- 가정에서 작은 목표를 세우고 달성하는 습관을 형성하게 도와주세요.
- 일상적인 상황에서 "주짓수에서라면 이 문제를 어떻게 해결할까?"라고 물어보세요.

5. 균형 잡힌 접근 유지하기

운동과 학업 사이의 균형을 유지하는 것이 중요합니다. 둘 다 아이의 전인적 성장에 필요한 요소라는 것을 기억하세요. 운동에만 치중하거나, 반대로 학업 때문에 운동을 소홀히 하는 것은 바람직하지 않습니다.

실천 팁:
- 주간 일정표를 만들어 훈련, 학습, 휴식 시간을 균형 있게 배분하세요.
- 시험 기간에는 훈련 강도를 조정하되, 완전히 중단하지는 마세요.
- 주짓수와 학업을 연결하는 프로젝트를 제안해보세요 (예: 주짓수의 과학적 원리 조사).
- 건강한 식습관, 충분한 수면, 적절한 휴식의 중요성을 강조하세요.

6. 아이의 자율성 존중하기

아이가 자신의 운동 경험을 스스로 주도할 수 있도록 자율성을 부여하세요. 부모의 과도한 개입이나 기대는 오히려 아이의 동기를 저하시킬 수 있습니다.

실천 팁:
- 아이가 원하는 훈련 빈도와 강도를 존중해주세요.
- 대회 참가 여부는 가능한 아이가 결정하게 해주세요.

- 아이의 관심사에 따라 주짓수 내에서도 특정 분야(대회, 기술 연구, 지도 등)에 집중할 수 있게 해주세요.
- 다른 가족 구성원이나 친구들과 아이의 운동 성취를 비교하지 마세요.

7. 건강한 경쟁 의식 형성하기

경쟁은 동기부여의 중요한 요소이지만, 건강한 방식으로 접근하는 것이 중요합니다. 승패보다 자기 향상과 최선을 다하는 과정에 가치를 두는 태도를 길러주세요.

실천 팁:
- 자신의 과거 성적과 비교하는 습관을 길러주세요.
- 경쟁 상대를 존중하고 감사하는 마음을 가르쳐주세요.
- 승리했을 때 겸손함을, 패배했을 때 존엄성을 유지하는 법을 강조하세요.
- 경기 전에 "네가 할 수 있는 최선을 다하는 것이 목표야"라고 상기시켜주세요.

이러한 조언들을 실천한다면, 아이들은 주짓수를 통해 얻은 역량과 경험을 바탕으로 미래의 성공적인 삶을 준비할 수 있을 것입니다. 운동은 단순한 취미나 신체 활동을 넘어, 아이들의 미래 성공을 위한 가장 강력한 토대가 될 수 있습니다.

핵심 포인트

1. **자기관리 능력:** 주짓수를 통한 규칙적인 운동 참여는 시간 관리, 자기 통제, 목표 설정과 달성 능력을 길러줍니다. 이러한 능력은 미래 직업 생활에서 성공의 핵심 요소입니다.

2. **도전정신과 적응력:** 주짓수는 변화하는 현대 사회에서 필수적인 도전정신과 새로운 환경에 적응하는 능력을 키웁니다. 이는 빠르게 변화하는 직업 환경에서 큰 경쟁력이 됩니다.

3. **협력과 사회성:** 주짓수 훈련을 통해 다른 사람들과 소통하고 협력하는 경험은 뛰어난 사회적 능력을 발달시킵니다. 현대 직업 세계에서 팀워크와 협업은 성공의 필수 요소입니다.

4. **비즈니스와의 공통점:** 주짓수에서 배우는 규칙, 반복, 성취의 원칙들은 비즈니스 세계에서도 그대로 적용됩니다. 이러한 공통된 원리를 이해하는 것은 미래 직업생활에 큰 도움이 됩니다.

5. **평생의 정신적 자산:** 주짓수로 형성된 인내심, 끈기, 문제해결 능력은 어떤 직업이나 환경에서도 활용 가능한 평생의 자산입니다. 이는 지속 가능한 경쟁력의 원천이 됩니다.

4장

성공한 사람들이 운동을 놓지 않는 이유

세계적 리더들의 선택: 왜 그들은 운동을 필수로 여기는가?

마크 저커버그^(페이스북 창업자), 잭 도시^(트위터 공동창업자), 에반 윌리엄스^(미디엄 창업자), 래리 페이지^(구글 공동창업자)...

세계적인 기업의 리더들에게 공통적으로 나타나는 한 가지 특징이 있다는 것을 알고 계셨나요? 바로 그들이 바쁜 일정 속에서도 규칙적인 운동, 특히 주짓수와 같은 격투 스포츠를 수련한다는 것입니다.

실리콘밸리와 주짓수의 놀라운 인연

'코딩하는 CEO들은 왜 주짓수를 선택했을까?'

이 질문에 대한 답을 찾기 위해, 실리콘밸리에서 시작된 주짓수 열풍의 발단을 살펴볼 필요가 있습니다. 이 현상의 중심에는 '페이팔 마피아'로 불리는 인물들이 있습니다. 페이팔을 공동 창업하고 후에 각자의 성공적인 비즈니스를 일군 이들 중 상당수가 주짓수 수련자였고, 이들의 영향력이 실리콘밸리 전체로 퍼져나갔습니다.

특히 페이팔의 공동 창업자 데이브 스터트^{Dave Sturt}와 일론 머스크는 초기에 주짓수를 적극적으로 수련하고 알린 인물들입니다. "주짓수는 단순한 운동이 아니라 사고방식의 변화를 가져옵니다. 이는 비즈니스에서도 큰 도움이 됩니다."라고 스턱은 2018년 「테크크런치」 인터뷰에서 말했습니다.

페이스북의 창업자 마크 저커버그는 왜 수많은 운동 중에서 하필 주짓수를 선택했을까요? 세계에서 가장 영향력 있는 기업가 중 한 명이, 하루에도 수십 개의 중요한 결정을 내려야 하는 바쁜 일정 속에서도 시간을 내어 주짓수 매트 위에 오르는 이유는 무엇일까요?

분명한 것은, 이들의 선택이 단순한 취미나, 스트레스 해소를 위한 활동만은 아니라는 점입니다. 주짓수에는 비즈니스와 리더십에도 적용할 수 있는 귀중한 원칙들이 담겨 있기 때문입니다.

저커버그는 2023년 자신의 인스타그램 페이지에 이렇게 썼습니다:

"주짓수는 마치 살아있는 체스 게임과 같습니다. 매 순간 전략적 결정을 내려야 하고, 상대의 움직임을 예측해야 하며, 자신의 다음 행동을 계획해야 합니다. 이런 사고방식은 비즈니스를 운영하는 데도 큰 도움이 됩니다."

실제로 저커버그는 2022년 「조 로건 경험Joe Rogan Experience」 팟캐스트 인터뷰에서 주짓수가 그의 리더십 스타일에 미친 영향에 대해 언급했습니다.

"주짓수에서는 힘이 아닌 레버리지와 기술로 상대를 제압합니다. 이는 비즈니스에서도 마찬가지입니다. 단순한 힘이나 자원이 아니라, 올바른 전략과 혁신으로 성공할 수 있습니다."

그의 트레이닝 파트너 중 한 명은 "저커버그는 매우 분석적이고 전략적입니다. 매트 위에서도 항상 몇 단계 앞을 내다보며, 자신의 동작 하나하나에 의도를 담습니다. 이는 그가 페이스북을 운영하는 방식과 매우 흡사합니다."라고 증언했습니다.

샤오미의 창업자 레이 쥔 역시 격투기 수련의 열렬한 지지자입니다. 그는 "격투기는 단순한 기술 습득이 아니라, 인내와 끈기, 그리고 극한 상황에서도 냉정함을 유지하는 법을 가르쳐준다"고 말합니다. 이러한 자질들은 치열한 시장 경쟁 속에서 기업을 성장시키는 데 필수적인 요소들입니다.

실천을 위한 팁: 리더십 향상을 위한 운동 접근법

1. 목표 설정: 단순히 "운동하겠다"가 아닌, 구체적인 목표를 설정하세요 (예: "주 3회, 45분 이상 운동")

2. 일정 확보: 운동 시간을 업무 일정에 정식으로 포함시키고 절대 타협하지 마세요

3. 멘토 찾기: 해당 분야에서 경험이 풍부한 멘토나 코치를 찾아 올바른 시작을 하세요

4. 비즈니스 적용: 운동에서 배운 원칙들(인내, 전략, 침착함)을 의식적으로 업무에 적용해보세요

5. 커뮤니티 참여: 같은 목표를 가진 사람들과 함께하면 동기부여와 네트워킹 효과를 동시에 얻을 수 있습니다

잭 도시와 에반 윌리엄스: 명상적 접근

트위터의 공동 창업자 잭 도시와 미디엄의 창업자 에반 윌리엄스는 주짓수에 대해 조금 다른 접근을 보입니다. 그들에게 주짓수는 신체적 훈련을 넘어선 명상적 경험입니다.

도시는 2020년 「테크크런치」와의 인터뷰에서 이렇게 말했습니다:

"주짓수는 제게 현재에 집중하는 법을 가르쳐 주었습니다. 매트 위에서는 잡생각을 할 여유가 없습니다. 오직 지금 이 순간, 상대방의 움직임과 자신의 반응에만 집중해야 합니다. 이런 마인드풀니스는 비즈니스 결정을 내릴 때도 큰 도움이 됩니다."

윌리엄스는 주짓수를 통해 얻은 회복탄력성을 강조합니다.

"스타트업 세계에서는 매일 수많은 실패와 좌절을 경험합니다. 주짓수는 제가 패배를 어떻게 받아들이고, 그로부터 어떻게 배우며, 다시 일어서는 방법을 가르쳐 주었습니다."

UFC 챔피언 조지 생피에르는 은퇴 후 많은 CEO들과 기업가들을 가르치며 격투기의 원칙을 비즈니스에 적용하는 방법을 공유하고 있습니다. 그에 따르면, "격투기에서 배우는 규율, 인내, 역경 극복의 정신은 비즈니스 리더가 갖춰야 할 핵심 역량과 일치한다"고 합니다.

톰 브래디와 코너 맥그리거: 운동선수들의 선택

주짓수의 영향력은 테크 산업을 넘어 다양한 분야의 성공한 인물들에게도 미치고 있습니다. NFL의 전설적인 쿼터백 톰 브래디는 자신의 훈련 프로그램에 주짓수를 포함시키며 이렇게 말했습니다:

"주짓수는 제게 몸의 균형과 유연성을 가르쳐 주었고, 이는 필드에서의 성과로 직결되었습니다. 또한 정신적 회복력을 기르는 데도 큰 도움이 되었습니다."

UFC 챔피언 코너 맥그리거도 주짓수를 자신의 성공 비결 중 하나로 꼽습니다.

"주짓수는 제게 인내와 규율을 가르쳐 주었습니다. 오랜 시간 한 가지에 집중하고, 작은 개선을 위해 끊임없이 노력하는 것의 가치를 배웠습니다. 이는 옥타곤 밖에서의 제 사업에서도 큰 자산이 되었습니다."

성공한 사람들이 주짓수와 같은 운동을 선택하는 것은 우연이 아닙니다. 그들은 단순한 취미나 여가 활동을 넘어, 자신의 성공과 성장에 직접적으로 기여할 수 있는 활동을 선택하는 것입니다. 그리고 주짓수는 바로 그런 활동 중 하나입니다.

생산성과 성과의 비밀: 운동이 '최고의 성과'를 이끄는 방법

성공한 사람들의 일과를 살펴보면, 대부분 규칙적인 운동을 포함하고 있습니다. 애플의 CEO 팀 쿡은 매일 새벽 4시에 일어나 운동으로 하루를 시작하고, 리처드 브랜슨(버진 그룹 창업자)은 "내 성공의 비결은 하루에 한 시간씩 운동하는 것"이라고 말했습니다. 전 나이키 CEO 마크 파커는 매일 달리기를 통해 "최고의 아이디어가 떠오른다"고 밝히기도 했습니다.

도대체 무엇이, 이처럼 바쁜 일정 속에서도 세계적인 리더들이 운동을 포기하지 않게 만드는 것일까요?

고성과자들의 공통된 습관 패턴

하버드 비즈니스 스쿨의 보리스 그로이스버그(Boris Groysberg) 교수와 로빈 애브라함슨(Robin Abrahams) 연구원이 2019년 발표한 연구에 따르면, 최고 성과를 내는 CEO들 사이에서 발견되는 공통점 중 하나는 바로 규칙적인 운동 습관입니다. 이 연구는 'Fortune 500 기업'의 CEO 250명을 대상으로 진행되었으며, 이들 중 94%가 주 3회 이상 규칙적인 운동을 한다는 사실을 발견했습니다.

특히 주목할 만한 점은, 이들 중 76%가 아침 시간에 운동을 한다는 것입니다. 아침 운동은 하루를 활기차게 시작하게 해주고, 집중력과 생산성을 높이는 데 도움이 된다고 합니다.

스탠포드 대학의 스포츠 심리학자 켈리 맥고니갈(Kelly McGonigal) 박사는 2017년 저서 『의지력The Willpower Instinct』에서 "운동은 단순히 신체적 건강을 위한 것이 아니라, 의지력과 자기 통제력을 강화하는 훈련"이라고 말합니다. 그의 연구에 따르면, 규칙적으로 운동하는 사람들은 일상에서의 의사 결정과 자기 관리 능력이 더 뛰어나다고 합니다.

성공한 CEO들의 운동과 업무 균형 전략

 실제로 많은 CEO들은 바쁜 일정 속에서도 운동 시간을 확보하기 위한 구체적인 전략을 가지고 있습니다. 구글의 전 CEO 에릭 슈미트Eric Schmidt는 매일 아침 5시 30분에 일어나 1시간 동안 운동을 한 후 업무를 시작한다고 합니다. 그는 "그 한 시간이 나머지 23시간을 결정한다"는 철학을 가지고 있습니다.

 아마존의 제프 베조스Jeff Bezos는 충분한 수면과 규칙적인 운동이 의사결정의 질을 높인다고 믿습니다. "하루에 3개의 좋은 결정을 내리는 것으로 충분합니다. 더 많은 결정을 내리려고 하면 오히려 질이 떨어집니다. 좋은 결정을 내리기 위해서는 체력과 정신력이 필요합니다."라고 그는 말합니다.

 마이크로소프트의 전 CEO 스티브 발머Steve Ballmer는 매일 아침 러닝을 통해 신체적 에너지를 충전하고 정신을 맑게 유지한다고 합니다.

 "운동이 없는 날은 절대 없습니다. 그것은 식사나 수면처럼 포기할 수 없는 일상의 필수 요소입니다."

그것은 운동이 단순히 신체적 건강뿐만 아니라, 정신적 건강과 인지 능력에도 큰 영향을 미친다는 것을 그들이 경험적으로 알고 있기 때문입니다. 하버드 의대의 존 레이티[John Ratey] 교수는 2013년 연구에서 규칙적인 운동이 스트레스 호르몬을 줄이고, 집중력과 창의력을 향상시키며, 의사 결정 능력을 개선한다고 밝혔습니다.

실천을 위한 팁: 바쁜 일정 속에서 운동 습관 만들기

1. 아침 루틴에 포함하기: 업무가 시작되기 전인 아침에 운동을 배치하면 미루기 어렵습니다

2. 짧게라도 꾸준히: 하루 20분이라도 매일 하는 것이 주말에 3시간 하는 것보다 효과적입니다

3. 의사결정 최소화: 운동복을 전날 준비해두고, 고정된 루틴을 만들어 결정 피로를 줄이세요

4. 업무와 통합: 걸으면서 회의하기, 계단 이용하기 등 일상에 운동을 자연스럽게 통합하세요

5. 달력에 블록 설정: 운동 시간을 업무 일정에 실제 미팅처럼 등록하고 절대 타협하지 마세요

운동과 업무 생산성의 과학적 연관성

운동이 업무 생산성에 미치는 긍정적인 영향은 과학적으로도 입

증되고 있습니다. 리즈 대학University of Leeds의 짐 맥케나Jim McKenna 교수가 2008년 「국제 직장 건강 관리 저널International Journal of Workplace Health Management」에 발표한 연구에 따르면, 규칙적으로 운동하는 직원들은 그렇지 않은 직원들에 비해 다음과 같은 이점을 보입니다:

- 15% 더 높은 업무 생산성
- 27% 더 적은 병가 사용
- 41% 더 높은 직무 만족도
- 22% 더 높은 집중력

벨리즈 대학Bellevue University의 조셉 크루치Joseph Krucht 박사팀이 2017년 실시한 연구에서는 점심시간에 30분간 중간 강도의 운동을 한 직원들이 오후 업무에서 25% 더 높은 생산성을 보인다는 사실을 발견했습니다. 운동은 특히 창의적 사고와 문제 해결 능력을 향상시키는 데 도움이 된다고 합니다.

하버드 의과대학의 존 레이티John Ratey 교수는 그의 저서 『SPARK: 운동이 뇌를 변화시키는 혁명적인 방법』에서 운동이 뇌의 신경성장인자BDNF를 증가시켜 인지 기능을 향상시키고, 집중력을 높이며, 스트레스를 감소시킨다고 설명합니다. 이런 효과들은 모두 업무 성과에 직접적인 영향을 미칩니다.

주짓수와 같은 격투 스포츠는 특히 이런 측면에서 큰 효과가 있습니다. 주짓수는 신체적 훈련뿐만 아니라 정신적 훈련도 포함하기 때문입니다. 매트 위에서의 모든 결정은 순간적이면서도 전략적이어야 합니다. 이런 훈련은 뇌의 인지 기능을 향상시키고, 스트레스 상황에서도 침착하게 대응하는 능력을 키워줍니다.

테슬라와 스페이스X의 CEO 일론 머스크는 극도로 바쁜 스케줄에도 불구하고 정기적으로 운동을 합니다. 그는 "신체 활동은 내 사고 방식을 조정하고, 복잡한 문제에 대한 새로운 관점을 제공한다"고 말합니다. 머스크는 특히 고강도 인터벌 트레이닝[HIIT]을 선호하는데, 이는 짧은 시간 안에 최대 효율을 추구하는 그의 업무 스타일과도 일맥상통합니다.

이처럼 성과가 뛰어난 사람들이 운동을 중요시하는 것은 단순한 취미가 아닌, 그들의 성공에 직접적으로 기여하는 필수 요소로 인식하고 있기 때문입니다.

회복탄력성: 성공의 핵심 요소를 키우는 운동의 힘

실제로 주짓수를 오래 수련한 사람들에게서 나타나는 공통적인 특징이 있습니다. 그것은 바로 '회복탄력성[resilience]'입니다. 주짓수 훈련에서는 실패와 좌절이 일상적입니다. 새로운 기술을 배울 때마다, 더 강한 상대와 대결할 때마다 실패를 경험합니다. 하지만 그 과정에서 실패를 두려워하지 않고, 빠르게 회복하여 다시 도전하는 정신을 기르게 됩니다.

'회복탄력성'은 실패와 역경에서 빠르게 회복하고 다시 도전할 수 있는 능력을 말합니다. 이 역량은 비즈니스 세계에서 성공하기 위한 필수 요소입니다. 주짓수와 같은 격투 스포츠는 이 회복탄력성을 기르는 최고의 훈련장이라 할 수 있습니다.

실패에서 배우는 능력

심리학에서 '회복탄력성'은 역경이나 실패에서 빠르게 회복하고 적응하는 능력을 의미합니다. 펜실베니아 대학의 마틴 셀리그먼 Martin Seligman 박사가 2011년 실시한 연구에 따르면, 이 회복탄력성이 학업적 성취, 직업적 성공, 그리고 전반적인 삶의 만족도와 높은 상관관계가 있음이 밝혀졌습니다.

주짓수는 이 회복탄력성을 발달시키는 데 이상적인 환경을 제공합니다. 수련 과정에서 아이들은 끊임없이 실패와 도전에 직면하게 되고, 그것을 극복하는 과정에서 강인한 정신력을 기르게 됩니다.

하버드 대학의 발달심리학자 잭 쇼넥오프 Jack Shonkoff 교수는 2017년 「발달 과학 저널 Journal of Developmental Science」에 발표한 연구에서 "어린 시절에 형성된 회복탄력성은 평생 동안 개인의 성공과 웰빙에 영향을 미치는 가장 중요한 요소 중 하나"라고 강조합니다. 그의 연구에 따르면, 아이들이 실패와 좌절을 극복하는 경험을 통해 내적 강인함을 발달시키면, 이는 미래의 도전을 더 효과적으로 처리할 수 있는 능력으로 이어진다고 합니다.

주짓수에서 특히 주목할 만한 점은, 실패가 일상적인 학습 과정의 일부로 받아들여진다는 것입니다. 아이들은 자신보다 경험이 많거나 체격이 큰 상대에게 패배하는 경험을 반복하지만, 그때마다 새로운 기술을 배우고 다음에는 더 나아질 수 있다는 마인드셋을 형성합니다.

마이클 조던은 자신의 성공 비결 중 하나로 '실패에서 배우는 능력'을 꼽습니다. "내 경력에서 9,000번 이상의 슛을 놓쳤고, 거의 300번의 경기에서 패배했다. 26번이나 승리를 가져올 결정적인 슛을 맡았지만 실패했다. 나는 인생에서 계속해서 실패했고, 그래서 성공할 수 있었다"라는 그의 명언은 회복탄력성의 중요성을 완벽하게 보여줍니다. 이러한 마음가짐은 비즈니스 세계에서도 필수적인 요소입니다.

실천을 위한 팁: 회복탄력성 강화하기

1. 실패 일지 작성: 실패한 경험과 그로부터 배운 점을 정기적으로 기록하세요

2. 작은 도전 시작: 성공 가능성이 높은 작은 도전부터 시작해 점차 확장해 나가세요

3. 멘토 찾기: 어려움을 겪고 성공한 사람들의 이야기를 듣고 배우세요

4. 감정 인식하기: 실패 후 느끼는 감정을 인식하고 건설적으로 대처하는 방법을 개발하세요

5. 피드백 요청하기: 정기적으로 피드백을 요청하고 수용하는 습관을 기르세요

비즈니스 세계에서의 회복탄력성

이런 회복탄력성은 비즈니스 세계에서도 큰 자산이 됩니다. 모든 사업가는 수많은 실패와 좌절을 경험합니다. 하지만 그 과정에서 빠르게 회복하고 다시 도전하는 능력이 성공의 핵심 요소입니다. 주짓수는 이런 능력을 키우는 최고의 훈련장이라고 할 수 있습니다.

현대차그룹 정의선 회장의 이야기는 이를 잘 보여줍니다. 그는 현대차의 품질 혁신과 미래 모빌리티로의 전환 과정에서 수많은 도전과 위기를 겪었지만, 흔들림 없는 비전과 회복력으로 기업을 성장시켰습니다.

특히 2016년 제네시스 브랜드 출범 당시, 많은 업계 전문가들이 한국 기업의 럭셔리 브랜드 성공 가능성에 의문을 제기했습니다. 초기에는 시장 반응도 미온적이었지만, 정 회장은 "럭셔리 브랜드 구축은 단기간에 이루어질 수 없다"며 포기하지 않고 꾸준히 투자를 이어갔습니다. 실패와 비판에도 불구하고 그는 기존 계획을 수정·보완하며 지속적으로 발전시켰고, 결국 제네시스는 글로벌 럭셔리 시장에서 인정받는 브랜드로 성장했습니다.

정 회장은 2021년 한 직원 간담회에서 "실패를 두려워하지 말고 도전하라. 한 번의 실패가 영원한 실패가 아니며, 그 경험이 미래 성공의 밑거름이 된다"라는 철학을 강조했습니다. 또한 그는 매일 아침 수영으로 하루를 시작하며 이러한 정신적 강인함을 유지한다고 알려져 있습니다.

넷플릭스의 창업자 리드 헤이스팅스 역시 비즈니스에서의 회복탄력성을 강조합니다. 2011년, 그는 DVD 대여 사업에서 스트리밍 서비스로의 전환 과정에서 '퀵스터Qwikster' 서비스 분리 시도로 주가 폭락과 고객 이탈이라는 심각한 위기를 겪었습니다. 주가는 3개월 만에 77%나 하락했고, 수십만 명의 고객이 이탈했습니다.

이런 위기 상황에서 헤이스팅스는 빠르게 실수를 인정하고 전략을 수정했습니다. "우리는 너무 빨리 움직이려 했고, 고객들의 준비가 되지 않았다"고 공개적으로 인정하면서도, 스트리밍으로의 전환이라는 큰 방향성은 포기하지 않았습니다. 그는 2017년 「하버드 비즈니스 리뷰」와의 인터뷰에서 "변화는 고통스럽지만, 그 고통을 견디는 능력이 성공의 핵심"이라고 말했습니다.

헤이스팅스는 매일 아침 운동으로 하루를 시작하며 체력과 정신력을 단련합니다. 그는 여러 인터뷰에서 "규칙적인 운동이 스트레스 상황에서도 분명한 사고를 유지하는 데 도움이 된다"고 강조했습니다. 특히 그는 장거리 하이킹을 통해 인내심과 장기적 비전을 기른다고 합니다.

이처럼 운동, 특히 주짓수와 같은 격투 스포츠는 성공에 필요한 정신적 자질을 기르는 최고의 훈련 방법입니다. 그리고 이것이 바로 성공한 사람들이 운동을 놓치지 않는 이유입니다.

일상의 필수 요소: 운동을 생활화하는 사람들의 특별한 시각

제 체육관에는 다양한 배경과 연령대의 사람들이 있습니다. 그 중에서도 오랫동안 주짓수를 해온 사람들은 한 가지 공통점이 있습니다. 그들은 운동을 '선택'이 아닌 '필수'로 여긴다는 것입니다. 마치 식사나 수면처럼, 건강한 삶을 위한 필수 요소로 운동을 생각합니다.

운동을 통한 정체성 형성

성공이란 단순히 경제적인 성취만을 의미하지 않습니다. 진정한 성공은 자신의 삶에 만족하며, 끊임없이 성장하고 발전하는 것이라고 생각합니다. 이런 관점에서 볼 때, 주짓수를 오래 한 제자들은 대부분 성공적인 삶을 살고 있습니다. 그들은 자신의 삶에 열정적이며, 만족하면서도 나태하지 않고 계속해서 새로운 도전과 발전을 추구합니다.

현대 사회에서는 우울증과 같은 정신 건강 문제가 심각한 이슈가 되고 있습니다. 심지어 풍요롭고 성공적으로 보이는 연예인들조차 정신 건강 문제로 고통받는 안타까운 사례가 적지 않습니다. 이런 시대에, 우리 아이들이 주짓수를 통해 건강한 정신을 가질 수 있도록 가르치는 것은 매우 중요합니다. 저는 제 제자들이 모두 정신적으로 건강한 것에 깊은 감사함을 느낍니다.

전 NBA 스타 코비 브라이언트는 은퇴 전까지 새벽 4시에 일어나 훈련을 시작했으며, "다른 사람들이 잠들어 있을 때 노력하면 승리할 수 있다"는 철학을 가지고 있었습니다. 그의 '맘바 멘탈리티'는 단순한 운동 이상의 삶의 철학이었으며, 많은 사람들에게 영감을 주고 있습니다. '맘바 멘탈리티'는 독사의 무서운 집중력과 공격성에서 영감을 받은 것으로, 끊임없는 자기 개선, 역경 속에서도 포기하지 않는 끈기, 그리고 매 순간 최선을 다하는 열정을 의미합니다. 코비는 이 철학을 통해 NBA에서 5번의 우승과 2번의 올림픽 금메달을 획득했으며, 은퇴 후에도 사업과 저술 활동에서 큰 성공을 거두었습니다.

김연아 전 피겨스케이팅 선수는 "운동은 자기 자신과의 싸움을 가르쳐준다"고 말합니다. '피겨 퀸'으로 불리며 세계적인 성공을 거둔 그녀는 고된 훈련과 부상, 국제 대회의 압박 속에서도 정신적 강인함을 잃지 않았습니다. "메달이나 외부의 인정보다 더 중요한 것은 자신의 한계를 극복하는 과정에서 얻는 성장"이라고 그녀는 강조합니다. 은퇴 후에도 김연아는 이러한 정신적 자산을 바탕으로 다양한 분야에서 성공적인 활동을 이어가고 있으며, 많은 젊은이들에게 영감을 주고 있습니다.

실천을 위한 팁: 운동을 일상의 필수 요소로 만들기

1. 아침 의식으로 만들기: 하루를 시작할 때 짧더라도 운동 시간을 확보하세요
2. 심리적 장벽 낮추기: "오늘은 단 5분만 하자"라는 생각으로 시작하면

종종 더 오래 하게 됩니다

3. 운동 파트너 찾기: 함께할 사람이 있으면 책임감이 생겨 지속하기 쉬워집니다

4. 운동 일기 쓰기: 운동 후의 긍정적인 감정과 변화를 기록하면 동기부여가 됩니다

5. 환경 설계하기: 운동 장비를 눈에 잘 띄는 곳에 두고, 운동 시간을 캘린더에 표시하세요

주짓수는 단순한 운동이 아닙니다. 그것은 삶의 철학이자, 정신적 건강을 유지하는 방법이며, 자기 성장의 도구입니다. 주짓수를 통해 배우는 가치와 원칙들은 매트 위에서뿐만 아니라, 일상생활의 모든 영역에서 적용될 수 있습니다.

이러한 이유로, 성공적인 삶을 살고 있는 사람들은 운동, 특히 주짓수와 같은 정신적, 육체적 훈련을 인생의 필수 과제로 여깁니다. 그들은 운동이 단순한 여가 활동이 아니라, 성공적인 삶을 위한 투자라는 것을 알고 있습니다.

소통과 성장의 장: 운동을 통한 부모와 아이의 관계 발전

모든 아이는 무한한 가능성을 가지고 있습니다. 그러나 그 가능성을 어떻게 이끌어낼 것인가는 부모와 지도자, 두 사람의 노력에

의해 결정됩니다. 한쪽만의 노력으로는 충분하지 않습니다. 좋은 지도자와, 그 지도자를 믿고 아이를 응원해주는 부모가 함께 힘을 합칠 때, 시너지 효과가 발생하고 어떤 아이라도 비범한 존재로 성장할 수 있습니다.

성격과 능력 변화의 과학적 메커니즘

운동, 특히 주짓수가 어떻게 아이들의 성격과 능력을 변화시키는지에 대한 과학적 설명도 있습니다. 뇌과학자들의 연구에 따르면, 규칙적인 신체 활동은 다음과 같은 영향을 미칩니다:

- 신경가소성Neuroplasticity 향상: 캘리포니아 대학의 카를 코트만Carl Cotman 박사의 2019년 연구에 따르면, 운동은 뇌의 신경가소성을 높여 새로운 연결망을 형성하는 능력을 강화합니다. 이는 학습 능력과 적응력을 향상시키는 데 큰 역할을 합니다.

- 스트레스 호르몬 감소: 존스 홉킨스 대학의 케리 레너드Kerry J. Ressler 박사팀이 2018년 발표한 연구에 따르면, 운동은 코르티솔 같은 스트레스 호르몬을 감소시키고, 세로토닌과 엔돌핀 같은 '행복 호르몬'의 분비를 촉진합니다. 이는 정서적 안정과 긍정적 마인드셋 형성에 도움을 줍니다.

- 실행 기능 향상: 주짓수와 같은 복잡한 운동은 계획 수립, 의사 결정, 충동 조절 등 '실행 기능'을 담당하는 전두엽의 발달을 촉진합니다. 이는 학업 성취와 사회적 성공에 필수적인 능력입니다.

- 사회적 연결망 발달: 단체 운동은 사회적 상호작용 능력, 공감 능력,

팀워크 등 사회적 기술의 발달을 촉진합니다. 이런 기술들은 미래의 직업 세계에서 매우 중요한 역량입니다.

스탠포드 대학의 신경과학자 앤드류 후버만(Andrew Huberman) 교수는 2021년 발표한 연구에서 "운동은 뇌의 가소성 기간을 연장시켜, 어린이와 청소년이 새로운 기술과 행동 패턴을 더 쉽게 습득할 수 있게 합니다."라고 설명합니다. 이는 주짓수가 왜 아이들의 성격과 능력 변화에 그토록 효과적인지를 잘 설명해줍니다.

손흥민: 헌신적인 부모와 지도자의 역할

손흥민 선수의 성장 스토리는 좋은 지도자와 부모의 지원이 얼마나 중요한지 보여주는 탁월한 사례입니다. 어린 시절부터 엄청난 재능을 보였던 손흥민은 아버지 손웅정 코치의 헌신적인 지도와 가족의 전폭적인 지지 아래 성장했습니다.

손웅정 코치는 아들의 성장을 위해 자신의 축구 선수 경력을 중단하고 전업 코치로 변신했습니다. 그는 단순히 축구 기술만 가르친 것이 아니라, 겸손함과 끈기, 팀워크의 중요성을 강조했습니다. 특히 주목할 점은 그가 아들에게 강조한 "기본기의 중요성"입니다. 손흥민이 초등학교 시절, 다른 아이들이 화려한 드리블과 슈팅을 연습할 때, 손웅정 코치는 아들에게 패스와 트래핑 같은 기본기를 수천 번 반복하게 했습니다.

또한 손웅정 코치는 아들의 정신적 성장에도 큰 관심을 기울였습니다. 그는 패배와 실패를 통해 배우는 법, 압박 상황에서도 침착함을 유지하는 법, 그리고 항상 팀을 먼저 생각하는 태도를 가르쳤습니다. 이런 정신적 자질들은 손흥민이 프리미어리그에서 마주한 수많은 도전과 역경을 극복하는 데 결정적인 역할을 했습니다.

손흥민은 2018년 BBC와의 인터뷰에서 "아버지는 제가 인생에서 가장 존경하는 분이자 최고의 코치"라고 말했습니다. "아버지께서는 제게 기술뿐만 아니라 인간으로서의 가치, 특히 겸손함과 감사하는 마음을 가르쳐 주셨습니다. 이런 가치관이 없었다면 저는 결코 지금의 위치에 오를 수 없었을 것입니다." 이러한 사례는 지도자와 부모의 역할이 얼마나 중요한지, 그리고 그 협력이 어떻게 아이의 잠재력을 최대한 이끌어낼 수 있는지를 보여줍니다.

실천을 위한 팁: 부모-자녀 관계 발전을 위한 운동 활용법

1. 함께 운동하기: 주 1-2회라도 자녀와 함께 운동하는 시간을 만들어 보세요

2. 과정 칭찬하기: 결과보다 노력과 개선에 초점을 맞춘 구체적인 칭찬을 해주세요

3. 운동 경험 공유하기: 자녀의 운동 경험에 대해 물어보고 자신의 경험도 나누세요

4. 지도자와 소통하기: 정기적으로 코치와 소통하며 자녀의 발전 상황을 확인하세요

5. 일상에 적용하기: 운동에서 배운 원칙들(인내, 끈기, 협력)을 일상 상황에 연결시켜주세요

주짓수 수련을 통한 소통의 장

주짓수는 아이들의 잠재력을 끌어내는 강력한 도구입니다. 그것은 단순한 기술 습득 이상의 것을 가르칩니다. 인내심, 끈기, 자기 통제, 타인 존중, 목표 설정과 달성… 이런 가치들은 아이가 어떤 분야에서든 성공할 수 있는 기반이 됩니다.

진우(가명)의 이야기가 좋은 예입니다. 진우는 초등학교 2학년 때부터 제 체육관에서 주짓수를 배우던 아이였습니다. 평소 밝고 활발하며 훈련에도 적극적으로 참여하는 좋은 학생이었습니다.

저는 평소 아이들과 많은 대화를 나누는 편입니다. 훈련 전후로 "오늘 하루는 어땠니?", "학교에서는 무슨 일 있었어?" 같은 소소한 이야기부터 일상의 소소한 일들까지 함께 나누곤 합니다. 이런 대화들이 아이들의 변화를 민감하게 알아차리는 데 큰 도움이 됩니다.

그러던 어느 날부터 진우가 점점 피곤해 보이고 지쳐 보이기 시작했습니다. 항상 활기차고 열정적이던 아이의 눈에 생기가 사라지고 있었습니다. 훈련 중에도 집중력이 떨어지고, 평소보다 말수도 줄었습니다.

"진우야, 무슨 일 있니? 요즘 많이 피곤해 보이는데."

처음에 진우는 "그냥 조금 피곤해요"라고만 대답했습니다. 하지만 저는 계속해서 관심을 보이고 이야기를 나누었습니다. 몇 차례 대화를 이어가던 중, 어느 날 진우가 마음을 열고 이야기했습니다.

"사실… 아빠, 엄마가 요즘 너무 바빠서 제가 여동생을 많이 챙겨야 해요. 동생 숙제도 봐주고, 밥도 챙겨주고… 조금 힘들어요."

진우의 말을 들으며 그가 어린 나이에 너무 많은 책임을 지고 있다는 것을 깨달았습니다. 아이의 지친 모습이 마음에 걸려 보호자와 이야기를 나눌 필요가 있다고 생각했습니다.

며칠 후, 진우의 아버지로부터 전화가 왔습니다.

"선생님, 요즘 우리 진우가 많이 변했어요. 집에서도 말이 없고, 웃는 모습도 줄었어요. 어떻게 해야 할지 모르겠습니다."

저는 진우와 나눈 대화를 조심스럽게 전했습니다.

"진우가 여동생을 많이 챙기느라 힘들어하는 것 같습니다. 부모님이 바쁘셔서 그런 거겠지만, 진우가 그 부분에 대해 많이 피곤해하고 부담을 느끼는 것 같아요."

전화기 너머로 잠시 침묵이 흐르더니, 진우의 아버지가 한숨을 내쉬었습니다. 그의 목소리에서 '아차' 싶은 깨달음이 느껴졌습니다.

"정말 그랬군요. 아내와 제가 최근에 일이 많아서 아이들에게 신경을 많이 못 썼어요. 진우가 동생을 잘 봐주니까 당연하게 생각했던 것 같습니다. 아이의 부담을 전혀 생각하지 못했네요."

일주일 후, 진우의 아버지가 체육관에 찾아왔습니다. 그의 얼굴에는 밝은 미소가 있었습니다.

"선생님, 정말 감사합니다. 선생님 말씀 듣고 아내와 제가 많이 반성했어요. 일 시간을 조정해서 아이들과 더 많은 시간을 보내기로 했고, 진우에게 너무 많은 책임을 지웠던 것에 대해 사과했습니다. 그랬더니 집안 분위기가 완전히 달라졌어요. 진우도 다시 예전처럼 밝아졌고, 오히려 더 열정적으로 모든 일에 참여하고 있어요. 선생님 덕분에 가족 관계가 더 좋아졌습니다."

저는 그저 미소를 지으며 대답했습니다.

"제가 한 일은 별로 없습니다. 진우의 변화를 알아차리고 귀기울여 들었을 뿐이에요. 정말 중요한 건 부모님이 아이의 마음을 이해하고 변화하려 노력하신 거죠."

이것이 바로 주짓수가 가지는 또 다른 힘입니다. 단순한 운동을 넘어, 소통의 장이 되고 아이들의 전인적 성장을 돕는 공간이 되는 것입니다. 그리고 이 힘은 지도자와 부모가 함께 아이의 건강한 성장을 위해 협력할 때 더욱 강력해집니다. 어떤 아이라도, 올바른 지도와 가정의 지지 속에서 자신의 잠재력을 발휘하고 비범한 존재로 성장할 수 있습니다.

평생의 자산: 운동을 통해 얻는 정신적 가치의 지속성

저에게는 많은 제자들이 있습니다. 초등학생 때부터 가르쳐 이제는 성인이 된 제자들도 있고, 성인이 되어 만나 이제는 결혼하고 아버지가 된 제자들도 있습니다. 우리는 함께 세월을 겪고, 함께 나이 들어가고 있습니다.

성인 제자들의 성공 스토리

개인 사정으로 더 이상 주짓수를 하지 않게 된 제자들도 있지만, 그들은 종종 체육관을 찾아와 잠시 주짓수를 하고, 그동안의 생활과 고민을 이야기합니다. 그럴 때마다 저는 그들의 이야기를 듣고, 조언을 아끼지 않습니다.

여러 제자들이 찾아오지만, 그들은 언제나 한결같이 "주짓수를 하며 운동을 했던 시간들이 지금도 큰 도움이 된다"고 말합니다. 이것이 바로 정신적 자산의 힘입니다. 주짓수에서 배운 가치와 원칙들은 일시적인 것이 아니라, 평생 동안 도움이 되는 자산입니다.

올림픽 유도 금메달리스트 데이비드 두이에는 은퇴 후에도 유도의 가치를 젊은 세대에게 전하는 데 헌신하고 있습니다. 그는 "격투기에서 배운 원칙들은 내 인생의 모든 도전에 지침이 되었다"고 말합니다. 그에게 유도는 단순한 스포츠가 아니라 삶의 방식이 되었습니다.

승민(가명)이의 이야기가 좋은 예입니다. 승민이는 20대 초반에 저희 체육관에 처음 왔을 때부터 주짓수에 큰 열정을 보였습니다. 지금은 30대 초반이 된 그는 바쁜 일상을 보내고 있지만, 여전히 가끔 체육관을 찾아와 운동하기도 하고, 여유가 생길 때면 체육관에 등록해서 꾸준히 주짓수를 이어가고 있습니다.

승민이는 직장 일로 바쁠 때는 주짓수를 잠시 쉬기도 하지만, 결코 완전히 그만두지는 않습니다. 어느 날 그가 체육관에 찾아왔을 때 이런 이야기를 했습니다.

"관장님, 아무리 바쁜 일상을 보내도 주짓수가 계속 생각나요. 일에 치여 스트레스 받을 때면 매트 위에서 땀 흘리던 기억이 떠오르고, 그러면 다시 체육관으로 발걸음이 향하게 되더라고요. 스트레스가 풀리는 건 당연하고, 일상에서 겪는 많은 어려움들도 주짓수를 통해 배운 해결 방법을 적용하면 그렇게 어렵게 느껴지지 않아요."

승민이는 자신의 바쁜 일정 속에서도 여유가 생길 때마다 주짓수를 하러 온다고 합니다. 그는 주짓수가 단순한 운동이 아니라 인생에 많은 도움이 되는 활동이라고 생각합니다.

"주짓수는 제게 단순한 취미가 아니에요. 힘든 상황에서도 차분함을 유지하는 법, 문제를 여러 각도에서 바라보는 방법, 그리고 절대 포기하지 않는 끈기. 이 모든 것을 매트 위에서 배웠습니다. 그리고 이런 태도와 마인드셋이 제 직장 생활이나 대인 관계에서도 큰 도움이 되고 있어요. 그래서 아무리 바빠도 시간을 내서 주짓수를 계속하게 되는 것 같아요."

"주짓수를 다시 시작한 후, 제 삶이 완전히 달라졌어요. 퇴근 후에 체육관에 가는 것이 하루 중 가장 기다려지는 시간이 되었고, 주말에도 훈련을 위해 일어나는 것이 즐거웠습니다. 일에 대한 스트레스도 훨씬 줄었고, 전반적인 삶의 만족도가 높아졌어요."

실천을 위한 팁: 평생의 자산으로 운동 활용하기

1. 운동 일기 작성: 운동을 통해 얻은 통찰과 교훈을 기록해 일상에 적용

하세요

2. 멘토 관계 구축: 운동 커뮤니티 내에서 멘토를 찾거나, 후배들에게 멘토가 되어보세요

3. 운동과 직업 연결: 운동에서 배운 원칙들을 직업 활동에 의식적으로 적용해보세요

4. 휴식 기간에도 연결 유지: 바쁜 시기에도 커뮤니티와 연결을 유지하고 운동의 원칙을 실천하세요

5. 다양한 영역으로 확장: 운동에서 배운 원칙을 가정, 사회 활동, 대인 관계 등 다양한 분야에 적용하세요

박찬호 전 메이저리그 투수는 "스포츠는 내 인생의 모든 단계에서 나에게 도움을 주었다"고 말합니다. 한국인 최초로 메이저리그에 진출해 '코리안 익스프레스'라는 별명을 얻은 그는 선수 생활 동안 수많은 부상과 역경을 겪었지만, 그때마다 포기하지 않고 재기했습니다. "마운드에서든, 사업에서든, 가정에서든, 스포츠를 통해 배운 원칙들은 항상 나의 결정과 행동에 영향을 미쳤다"고 그는 덧붙입니다. 은퇴 후에도 그는 이러한 정신적 자산을 바탕으로 사업가와 해설위원 등 다양한 분야에서 성공적인 제2의 인생을 살고 있습니다.

가정과 자녀 교육에 적용되는 주짓수 원칙

성인이 된 제자들 중 일부는 이제 자신의 자녀들도 주짓수를 배

우게 하고 있습니다. 이는 그들이 주짓수에서 얻은 가치를 깊이 이해하고 있다는 증거입니다.

상민(가명)씨는 한 아이의 아버지입니다. 그는 자신의 초등학생 자녀도 주짓수를 배우게 했으며, 가정 교육에도 주짓수의 원칙들을 적용한다고 말합니다.

"주짓수에서 배운 '과정 중심의 사고'는 자녀 교육에 큰 도움이 됩니다. 아이에게 결과가 아닌 노력의 과정을 중요시하도록 가르치고, 실패를 두려워하지 않도록 격려합니다. 또한 주짓수 수련 과정에서 배운 인내심은 아이의 느린 성장 과정을 기다리는 데 도움이 됩니다."

상민씨는 자신의 아이가 주짓수를 통해 자신감과 회복탄력성을 키우는 모습을 보며 큰 만족감을 느낀다고 합니다.

"제가 경험했던 그 가치 있는 여정을 제 아이도 경험하고 있다는 것이 정말 기쁩니다. 이것이야말로 세대를 넘어 이어지는 진정한 자산이라고 생각합니다."

평생 자산으로서의 주짓수: 사회경제적 관점

주짓수와 같은 운동을 통해 얻는 정신적 자산은 단순한 개인적 성장을 넘어, 사회경제적으로도 큰 가치를 지닙니다. 이는 현대 사회에서 점점 더 중요해지는 '소프트 스킬soft skills'과 밀접한 관련이 있습니다.

세계경제포럼WEF의 2022년 「미래 직업 보고서」에 따르면, 2025년까지 가장 수요가 많을 것으로 예상되는 역량 중 상위를 차지하는 것은 비판적 사고, 문제 해결 능력, 자기 관리, 적응력, 스트레스 관리 능력 등입니다. 이러한 소프트 스킬들은 주짓수와 같은 격투 스포츠를 통해 효과적으로 발달시킬 수 있습니다.

더욱이, 인공지능과 자동화가 많은 직업을 대체하고 있는 현대 사회에서, 인간만이 가질 수 있는 이러한 소프트 스킬의 가치는 더욱 커지고 있습니다. 맥킨지 글로벌 연구소의 2021년 보고서에 따르면, 2030년까지 소프트 스킬에 대한 수요는 26% 증가할 것으로 예상됩니다.

주짓수와 같은 운동을 통해 얻는 정신적 자산은 장기적으로 경제적 이점으로도 이어질 수 있습니다. 하버드 대학의 2020년 연구에 따르면, 자기 통제력과 사회적 능력이 높은 아이들은 성인이 되었을 때 더 높은 소득과 직업 안정성을 갖는 경향이 있다고 합니다.

또한, 건강 관리 비용의 측면에서도 운동의 경제적 가치는 상당합니다. 규칙적인 운동은 다양한 만성 질환의 위험을 감소시키고, 정신 건강을 증진시킴으로써 장기적인 의료 비용을 줄이는 데 기여합니다. 미국 질병통제예방센터CDC의 2023년 보고서에 따르면, 규칙적인 신체 활동은 심장병, 뇌졸중, 제2형 당뇨병, 우울증 등의 위험을 현저히 낮춘다고 합니다.

주짓수를 통해 얻는 정신적 자산의 가장 큰 가치는 그 '전이성 transferability'과 '지속성 durability'에 있습니다. 주짓수에서 배운 원칙과 태도는 학교, 직장, 가정 등 삶의 모든 영역에 적용될 수 있으며, 기술이나 지식과 달리 시간이 지나도 쉽게 퇴색되지 않습니다.

이는 특히 빠르게 변화하는 현대 사회에서 큰 의미를 갖습니다. 오늘날 배운 기술이나 지식은 몇 년 후면 구식이 될 수 있지만, 인내심, 회복탄력성, 적응력, 지속적 학습 능력과 같은 자질은 시대가 변해도 여전히 가치 있는 자산으로 남습니다.

이런 관점에서 볼 때, 아이들에게 주짓수와 같은 운동을 통해 정신적 자산을 형성할 기회를 제공하는 것은, 미래를 위한 가장 현명한 투자라고 할 수 있습니다.

성공의 핵심 요소로서의 운동

이 장을 통해 우리는 성공한 사람들이 왜 운동, 특히 주짓수와 같은 활동을 자신의 삶에서 필수적인 요소로 여기는지 살펴보았습니다. 실리콘밸리의 CEO들부터 전문직 종사자, 그리고 평범한 직장인까지, 다양한 영역에서 성공한 사람들의 공통점은 바로 운동을 통해 얻은 정신적 자산의 가치를 깊이 이해하고 있다는 점입니다.

성공이란 단순히 부와 명예를 얻는 것이 아니라, 균형 있고 만족스러운 삶을 살아가는 것입니다. 주짓수와 같은 운동은 이러한 균형과 만족을 찾는 데 큰 도움이 됩니다. 신체적 건강뿐만 아니라 정신적 회복력, 사회적 연결, 그리고 삶의 모든 도전에 대응할 수 있는 강인한 마인드셋을 제공하기 때문입니다.

특히 주짓수는 단순한 신체 활동을 넘어, 삶의 철학과 원칙을 가르쳐줍니다. 이것이 바로 많은 성공한 인물들이 주짓수를 선택하는 이유이며, 그들이 바쁜 일정 속에서도 매트 위에서의 시간을 놓치지 않는 이유입니다.

아이들에게 이러한 경험과 가치를 조기에 제공하는 것은, 그들의 미래 성공을 위한 토대를 마련하는 일입니다. 주짓수를 통해 형성된 정신적 자산은 학교와 직장에서의 성취뿐만 아니라, 삶의 모든 도전과 어려움을 헤쳐나가는 데 필요한 내적 힘을 제공할 것입니다.

카카오 김범수 의장은 "운동을 통해 배운 원칙들이 사업 성공에 큰 도움이 되었다"고 말합니다. "압박 상황에서의 침착함, 전략적 사고, 그리고 역경을 극복하는 정신력은 창업가가 갖춰야 할 필수 자질"이라고 그는 강조합니다. 김 의장은 등산과 같은 지구력이 필요한 스포츠를 통해 인내심과 목표 달성의 기쁨을 배웠으며, 이런 경험이 스타트업의 어려운 시기를 극복하는 데 큰 도움이 되었다고 합니다.

다음 장에서는 "우리 아이에게 맞는 운동은 무엇일까?"라는 질문을 중심으로, 아이의 성향과 필요에 맞는 운동을 선택하는 방법과 주짓수가 가진 특별한 교육적 가치에 대해 더 자세히 알아보겠습니다.

부모로서 여러분이 할 수 있는 가장 중요한 선물 중 하나는 아이에게 이런 소중한 경험과 가치를 접할 기회를 제공하는 것입니다. 그 첫 걸음을 내딛는 데 이 책이 작은 도움이 되었기를 바랍니다.

핵심 포인트

1. **생산성 향상:** 성공한 사람들은 운동이 집중력, 에너지, 창의성을 높여 업무 생산성을 향상시킨다는 것을 경험적으로 알고 있습니다.

2. **회복탄력성:** 운동은 실패와 도전을 반복하며 역경을 극복하는 정신적 강인함을 길러줍니다.

3. **스트레스 관리:** 정기적인 운동은 스트레스 호르몬을 줄이고 정신적 균형을 유지하는 데 필수적입니다.

4. **소통과 성장:** 운동 커뮤니티를 통한 사회적 연결과 지속적인 자기개발이 성공의 토대가 됩니다.

5. **일상의 필수 요소:** 성공한 사람들에게 운동은 선택이 아닌 삶의 필수적인 부분으로 자리 잡고 있습니다.

6. **평생의 자산:** 운동을 통해 얻는 정신적 가치와 원칙들은 평생 동안 삶의 모든 영역에서 도움이 됩니다.

7. **미래 직업 역량:** 운동, 특히 주짓수는 미래 직업 세계에서 중요해지는 소프트 스킬을 효과적으로 발달시킵니다.

8. **가족 관계 증진:** 부모와 아이가 함께하는 운동 활동은 소통의 장이 되고 가족 관계를 강화합니다.

9. **자녀 교육의 도구:** 주짓수와 같은 운동은 아이들에게 인내, 존중, 끈기와 같은 중요한 가치를 가르치는 효과적인 도구입니다.

10. **경제적 이점:** 운동을 통해 형성된 정신적 자산은 장기적으로 경제적 이점과 직업적 성공으로 이어질 수 있습니다.

5장

우리 아이에게 맞는 운동은 무엇일까?

운동 선택의 중요성과 기준

부모님들이 가장 많이 하는 질문 중 하나는 "우리 아이에게 맞는 운동은 무엇일까요?"입니다. 이것은 매우 중요한 질문입니다. 아이가 즐겁게 참여하고 지속할 수 있는 운동을 찾는 것은 건강한 운동 습관을 형성하는 첫걸음이기 때문입니다.

아이에게 운동을 시키기로 결정했다면, 어떤 기준으로 운동을 선택해야 할까요? 단순히 인기 있는 운동이나 부모님의 취향에 따라 선택하기보다는, 아이의 성장과 발달에 도움이 되는 운동을 찾는 것이 중요합니다. 운동은 단순한 신체 활동을 넘어 아이의 인성과 정신적 성장에도 큰 영향을 미치기 때문입니다.

연령대별 적합한 운동과 발달 단계 고려사항

아이의 나이와 발달 단계에 따라 적합한 운동 유형과 강도가 달라집니다. 각 연령대별 특성과 권장되는 운동 방식을 살펴보겠습니다.

유아기(3-6세)

- 특성: 기본적인 운동 능력이 발달하는 시기로 달리기, 점프하기, 던지기, 잡기와 같은 기본 동작을 배웁니다.
- 추천 운동: 놀이 중심의 신체 활동, 기본 체조, 수영 기초, 무용이나 리듬 활동, 가벼운 주짓수 입문(기본 동작과 낙법 중심)
- 발달 고려사항: 즐거움과 긍정적인 경험이 가장 중요하며, 과도

한 경쟁은 피하고 안전이 최우선입니다. 집중 시간이 짧으므로 다양한 활동을 번갈아 제공합니다.

초등학교 저학년(7-9세)
- 특성: 운동 기술이 더욱 발달하고, 규칙과 팀워크의 개념을 이해하기 시작합니다.
- 추천 운동: 주짓수(기본 기술과 예절 중심), 간단한 규칙 버전의 팀 스포츠, 수영, 태권도나 유도 등의 무술, 체조
- 발달 고려사항: 기본 운동 기술 발전, 팀워크와 협동의 개념 소개, 규칙 이해와 준수 연습, 기본적인 훈련 구조와 일관성 도입이 중요합니다.

초등학교 고학년(10-12세)
- 특성: 신체적, 인지적 능력이 더욱 발달하여 복잡한 기술과 전략을 배울 수 있습니다.
- 추천 운동: 주짓수(더 복잡한 기술과 전략 학습), 다양한 팀 스포츠, 트랙 앤 필드, 라켓 스포츠, 다양한 영법의 수영
- 발달 고려사항: 복잡한 운동 기술과 전략 교육, 팀워크와 리더십 기술 발전, 장기적인 목표 설정과 성취 장려, 건강한 경쟁의 개념 소개가 가능합니다.

청소년기(13-18세)

- 특성: 신체적 성장이 급격히 이루어지며, 운동 능력이 더욱 전문화됩니다.
- 추천 운동: 주짓수(경쟁과 자기 발전에 초점), 전문적인 팀/개인 스포츠, 웨이트 트레이닝(적절한 지도 하에), 지구력 운동, 요가나 필라테스 등의 유연성 및 코어 강화 운동
- 발달 고려사항: 개인의 관심과 목표에 맞는 전문화 지원, 장기적인 건강과 피트니스의 중요성 교육, 자율성과 책임감 발달, 급격한 성장으로 인한 부상 위험에 주의가 필요합니다.

다양한 운동 유형 비교: 팀 스포츠 vs 개인 스포츠

운동은 크게 팀 스포츠와 개인 스포츠로 나눌 수 있는데, 각각의 장단점을 살펴보겠습니다.

팀 스포츠의 장점:

- 협동심과 팀워크를 배울 수 있습니다.
- 사회성 발달에 도움이 됩니다.
- 공동의 목표를 위해 노력하는 경험을 제공합니다.
- 승패를 함께 경험하며 정서적 회복력을 기릅니다.

팀 스포츠의 단점:

- 개인의 성취가 팀 전체의 성과에 가려질 수 있습니다.

- 경쟁이 과도하게 강조될 수 있습니다.
- 실력 차이로 인한 소외감을 느낄 수 있습니다.
- 다른 팀원에 대한 의존도가 높습니다.

<u>개인 스포츠의 장점:</u>
- 자기 페이스에 맞춰 발전할 수 있습니다.
- 개인의 성취와 발전이 명확하게 드러납니다.
- 자기 주도적 훈련이 가능합니다.
- 자신의 강점과 약점을 더 잘 파악할 수 있습니다.

<u>개인 스포츠의 단점:</u>
- 사회적 상호작용의 기회가 상대적으로 적을 수 있습니다.
- 모든 책임과 부담이 개인에게 집중됩니다.
- 동기부여가 어려울 수 있습니다.
- 패배나 실패를 혼자 감당해야 합니다.

주짓수는 이러한 두 유형의 중간적 성격을 가지고 있습니다. 개인 스포츠의 특성을 가지면서도 파트너와의 협력이 필수적이기 때문에 팀 스포츠의 장점도 함께 갖추고 있습니다. 이런 균형 잡힌 특성이 다양한 성향의 아이들에게 적합한 이유입니다.

모든 성향의 아이들에게 적합한 주짓수

많은 부모님들은 자녀의 성향에 따라 적합한 운동이 달라진다고 생각합니다. 내성적인 아이에게는 개인 운동이, 활발한 아이에게는 단체 운동이 맞다고 생각하는 경우가 많습니다. 하지만 10년간의 체육관 운영 경험을 통해 한 가지 확신할 수 있는 것은, 주짓수는 모든 성향의 아이들에게 적합한 운동이라는 점입니다.

내성적인 아이들과 주짓수

내성적인 아이들은 주짓수를 통해 자신감을 키우고 차츰 사회성을 발달시킵니다. 파트너와의 협력이 필수적인 주짓수는 자연스럽게 타인과 소통하는 기회를 제공하기 때문입니다. 동시에 개인의 성취와 발전을 중시하기 때문에, 타인과의 비교나 경쟁에 압박을 느끼지 않고 자신의 페이스로 성장할 수 있습니다.

주짓수 훈련은 체계적이고 단계적입니다. 처음에는 기본적인 동작과 개념부터 시작하여 점차 복잡한 기술로 발전합니다. 이런 명확한 구조는 내성적인 아이들이 새로운 환경에 적응하는 데 도움이 됩니다. 예측 가능한 흐름 속에서 안정감을 느끼며 훈련에 참여할 수 있기 때문입니다.

내성적인 아이들은 종종 대규모 그룹 활동이나 주목받는 상황에서 불편함을 느낍니다. 주짓수 수업에서는 대부분의 활동이 파트너와 일대일로 이루어지기 때문에, 이런 아이들이 더 편안하게 참여할 수 있습니다. 파트너와의 안전한 상호작용을 통해 점차 사회적 기술을 발달시킬 수 있는 기회를 제공합니다.

또한, 내성적인 아이들은 종종 자신의 생각과 느낌을 표현하는 데 어려움을 겪습니다. 주짓수는 신체적인 언어를 통해 소통하는 방법을 가르칩니다. 몸의 움직임, 압력, 균형 등을 통해 의사소통하는 경험은 이런 아이들이 자신을 표현하는 새로운 방식을 발견하는 데 도움이 됩니다.

하늘이(가명)의 사례:

하늘이는 초등학교 3학년 때 처음 체육관에 왔습니다. 극도로 내성적이고 자신감이 부족한 아이였습니다. 처음에는 다른 아이들과 눈도 잘 마주치지 못했고, 질문을 하면 작은 목소리로 겨우 대답하는 정도였습니다.

천천히, 하나씩 기술을 배우기 시작했습니다. 처음에는 단순한 동작에도 어려움을 겪었지만, 꾸준한 연습과 격려 속에서 조금씩 향상되기 시작했습니다. 특히 주짓수의 파트너 활동을 통해 자연스럽게 다른 아이들과 교류하게 되었고, 이것이 하늘이의 사회성 발달에 큰 도움이 되었습니다.

1년 후, 하늘이는 완전히 다른 아이가 되어 있었습니다. 자신감 있게 의견을 표현하고, 새로운 도전에 적극적으로 참여하는 모습을 보였습니다. 하늘이의 어머니는 이렇게 말씀하셨습니다.

"하늘이가 이렇게 변할 줄은 상상도 못했어요. 요즘은 학교에서도 발표를 자원해서 한다고 하더라고요. 주짓수가 우리 아이에게 이렇게 큰 변화를 가져올 줄은 정말 몰랐습니다."

활발하고 에너지 넘치는 아이들과 주짓수

활발하고 에너지가 넘치는 아이들은 주짓수를 통해 그 에너지를 긍정적인 방향으로 발산할 수 있습니다. 주짓수는 높은 신체 활동량과 끊임없는 도전 과제를 제공하여 아이들의 에너지를 건설적으로 활용하게 합니다.

활발한 아이들은 종종 정적인 활동에 집중하기 어려워합니다. 주짓수는 지속적인 움직임과 다양한 기술 연습을 통해 이런 아이들의 집중력을 자연스럽게 향상시킵니다. 신체를 움직이며 배우는 과정에서 자연스럽게 집중력과 자기 통제력을 기르게 됩니다.

또한 주짓수는 명확한 규칙과 예절을 중시합니다. 매트에 오르기 전후의 인사, 파트너에 대한 존중, 지도자의 지시 따르기 등 다양한 규칙과 예절을 배우게 됩니다. 이런 구조화된 환경은 통제가 어려운 활발한 아이들에게 자기 규제와 절제를 가르치는 좋은 기회가 됩니다.

에너지가 넘치는 아이들은 종종 자신의 신체적 한계를 시험하고 싶어합니다. 주짓수는 안전한 환경에서 이런 욕구를 충족시킬 수 있는 기회를 제공합니다. 특히 스파링(실전 훈련)은 규칙 안에서 자신의 기술과, 전략을 사용하여 파트너와 경쟁할 수 있는 좋은 기회가 됩니다.

더불어, 활발한 아이들은 가만히 앉아서 설명을 듣는 것보다 직접 해보면서 배우는 방식이 더 효과적인 경우가 많습니다. 주짓수의 실습 위주 교육 방식은 이런 아이들의 학습 스타일에 잘 맞습니다. "보여주고, 해보게 하고, 피드백하는" 순환적 교육 방식은 이론적 설명보다 실제 움직임을 통해 이해하는 데 더 효과적입니다.

민호(가명)의 사례:

에너지가 넘치고 집중 시간이 짧았던 민호는 학교에서 종종 주의가 산만하다는 지적을 받았습니다. 주짓수를 시작한 후, 그는 자신의 에너지를 건설적인 방향으로 발산하는 법을 배웠고, 규칙을 따르는 훈련을 통해 자기 통제력도 향상되었습니다. 몇 개월 후, 민호의 학교 선생님은 그의 집중력과 자기 규제 능력이 크게 향상되었다고 이야기 했습니다.

민호의 아버지는 이렇게 말씀하셨습니다.

"이전에는 민호가 앉아서 숙제를 하는 것이 정말 어려웠어요. 하지만 주짓수를 시작한 후, 과제에 집중하는 시간이 점점 늘어났습니다. 주짓수에서 배운 집중력이 학업에도 도움이 되는 것 같아요. 또한 이제는 감정 조절도 훨씬 잘합니다. 예전에는 작은 일에도 쉽게 화를 냈는데, 이제는 더 차분하게 대응하는 모습을 볼 수 있어요."

공격적인 성향의 아이들과 주짓수

공격적인 성향을 보이는 아이들에게 주짓수는 자기 통제력을 기르고 감정을 조절하는 훈련이 됩니다. 주짓수는 파트너를 존중하고 배려하는 마음가짐이 기본이기 때문에, 차츰 공격성을 조절하고 건강한 방식으로 표현하는 법을 배우게 됩니다.

주짓수 수업에서는 항상 "상대를 존중하라", "과도한 힘을 사용하지 말라", "파트너의 안전을 최우선으로 생각하라"는 원칙을 강조합니다. 이런 원칙들은 공격적인 성향의 아이들이 자신의 힘과 에너지를 적절하게 조절하는 법을 배우는 데 도움이 됩니다.

또한 주짓수는 아이들에게 승패의 의미를 새롭게 가르칩니다. 단순히 이기고 지는 것이 아니라, 서로 배우고 성장하는 과정임을 이해하게 됩니다. 이런 관점은 승부에 지나치게 집착하거나 공격적으로 대응하는 태도를 완화시키는 데 큰 도움이 됩니다.

공격적인 성향의 아이들이 종종 분노나 좌절감을 제대로 표현하지 못해 문제 행동으로 이어지는 경우가 있습니다. 주짓수는 이런 감정을 안전하고 건설적인 방식으로 발산할 수 있는 출구를 제공합니다. 특히 신체적 접촉을 통한 에너지 발산은 긴장과 스트레스를 해소하는 데 효과적입니다.

더불어, 주짓수는 공격적인 행동의 결과와 책임에 대해 자연스럽게 배울 수 있는 환경을 제공합니다. 과도한 힘이나 조절되지 않은 행동은 파트너의 안전을 위협할 수 있고, 이는 즉각적인 피드백으로 이어집니다. 이러한 경험을 통해 아이들은 자신의 행동이 다른 사람에게 미치는 영향을 직접적으로 이해하게 됩니다.

<u>민우(가명)의 사례:</u>

처음 체육관에 왔을 때 또래들에게 공격적인 태도를 자주 보였던 민우는 주짓수 훈련을 통해 자신의 힘을 통제하는 법, 상대를 존중하는 태도, 그리고 감정을 적절히 표현하는 방법을 배웠습니다. 시간이 지남에 따라 민우의 공격적인 행동은 현저히 줄어들었고, 대신 자신감 있고 차분한 태도로 또래 관계를 형성할 수 있게 되었습니다.

민우의 어머니는 이렇게 말합니다.

"민우는 예전에 작은 일에도 쉽게 화를 내고 친구들을 밀치거나 때리는 일이 많았어요. 선생님들로부터 항상 그런 행동에 대한 지적을 받았죠. 주짓수를 시작한 후, 민우는 점점 자신의 감정을 조절하는 법을 배우기 시작했어요. 특히 놀라웠던 것은 어느 날 민우가 '엄마, 나는 이제 화가 나도 때리지 않아도 된다는 걸 알았어요. 주짓수에서는 상대방을 다치게 하면 안 된다고 배웠어요'라고 말한 것이었습니다. 이런 변화는 저희 가족에게 정말 큰 선물이었습니다."

자신감이 부족한 아이들과 주짓수

자신감이 부족한 아이들에게는 주짓수의 단계적 성취 경험이 큰 도움이 됩니다. 처음에는 작은 기술부터 시작해서 점점 더 복잡한 기술을 습득해 나가는 과정에서, 아이들은 성취감을 맛보고 자신감을 키울 수 있습니다.

주짓수는 모든 수련자가 처음에는 초보자로 시작한다는 철학을 가지고 있습니다. "누구나 처음은 있다"는 말처럼, 숙련된 수련자들도 한때는 기본적인 동작도 어려워했다는 사실을 상기시킵니다. 이런 문화는 자신감이 부족한 아이들에게 실패를 두려워하지 않고 도전할 수 있는 용기를 줍니다.

또한 주짓수에서는 벨트 시스템을 통해 진급을 합니다. 백색, 회색, 노란색 등 단계적으로 벨트 색이 변화하며, 각 단계마다 명확한 기준과 목표가 있습니다. 이런 시스템은 아이들에게 구체적인 목표와 성취의 증거를 제공하여 자신감 형성에 큰 도움이 됩니다.

자신감이 부족한 아이들은 종종 자신의 능력에 대한 의심과 두려움 때문에 새로운 도전을 피하려고 합니다. 주짓수는 실패해도 괜찮은 환경을 제공함으로써 이런 두려움을 극복하는 데 도움을 줍니다. 매 수업이 작은 도전의 연속이 되며, 이런 도전을 하나씩 극복해 나가는 과정에서 아이들은 "나도 할 수 있다"는 믿음을 갖게 됩니다.

더불어, 주짓수에서는 크기나 힘보다 기술과 지식이 중요하다는 원칙이 강조됩니다. 이는 신체적으로 자신감이 부족한 아이들에게 특히 큰 도움이 됩니다. 그들은 자신보다 크거나 강한 상대를 기술로 제어할 수 있다는 경험을 통해 엄청난 자신감을 얻게 됩니다.

수빈이(가명)의 사례:

모든 일에 자신감이 없고 쉽게 포기하는 경향이 있었던 수빈이는 주짓수를 시작한 후, 작은 기술들을 하나씩 마스터해 나가며 성취감을 경험했습니다. 특히 첫 벨트 승급은 그녀에게 큰 자신감을 주었습니다. 이런 경험들이 쌓이면서 수빈이는 주짓수뿐만 아니라 학교 생활과 다른 활동에서도 더 자신감 있게 도전하는 모습을 보이기 시작했습니다.

수빈이의 아버지는 이렇게 말씀하셨습니다.

"처음에 수빈이는 정말 소극적이었어요. 새로운 것을 시도하는 것을 두려워했고, '나는 못해요'라는 말을 자주 했죠. 주짓수를 시작한 지 약 6개월 후, 수빈이가 처음으로 대회에 참가하겠다고 자원했을 때 정말 놀랐어요. 비록 이기지는 못했지만, 그 자체로 큰 도전이었고 수빈이에게는 중요한 경험이었습니다. 이제 수빈이는 새로운 과제에 직면했을 때, '한번 해볼게요'라고 말하는 아이로 변했습니다. 이런 변화는 주짓수를 통해 얻은 자신감 덕분이라고 생각합니다."

이처럼 주짓수는 모든 성향의 아이들에게 각자의 필요에 맞는 발전 기회를 제공합니다. 그것이 내성적이든, 활발하든, 공격적이든, 자신감이 부족하든 상관없이, 모든 아이들은 주짓수를 통해 자신의 잠재력을 발달시킬 수 있습니다.

주짓수 시작의 최적 시기와 준비

초등학교 1학년이 최적의 시기

아이에게 가장 적합한 운동은 무엇일까 고민하는 것과 함께, 많은 부모님들이 "언제 시작하는 것이 좋을까요?"라는 질문을 합니다. 이 질문에 대한 답은 운동 종목별로 다를 수 있지만, 주짓수의 경우 초등학교 1학년(만 7세)이 시작하기 가장 적합한 시기라고 생각합니다.

초등학교 입학은 아이의 삶에 큰 변화가 찾아오는 시기입니다. 더 넓은 사회에 발을 들이게 되고, 다양한 사람들과 상호작용하게 됩니다. 이 시기에 아이들은 학교 생활에 적응하는 과정에서 여러 도전에 직면합니다.

주짓수는 이런 시기에 아이들에게 필요한 신체적, 정신적 도구를 제공합니다. 자신을 보호하는 방법을 배움으로써 자신감을 얻게 되고, 학교 폭력과 같은 위험 상황에서도 자신을 지킬 수 있는 능력을 갖추게 됩니다.

또한, 주짓수는 단순한 신체 활동을 넘어 생각하는 운동입니다. 일반적인 체육 활동이 신체 능력(힘, 속도, 지구력 등)을 중시한다면, 주짓수는 기술의 원리를 이해하고 적용하는 능력을 요구합니다. 이는 본능적인 반응보다는 생각하고 판단하는 과정이 더 중요함을 의미합니다.

브라질의 전설적인 주짓수 선수 헤이튼 그레이시는 "주짓수는 약한 자가 강한 자를 이길 수 있는 유일한 방법"이라고 말했습니다. 이는 주짓수가 단순한 힘이 아닌 지적 접근과 기술적 이해를 통해 신체적 한계를 극복할 수 있게 해준다는 의미입니다. 초등학교 저학년 시기는 이러한 개념을 이해하기 시작하기에 적절한 시기입니다.

초등학교 1학년 무렵의 아이들은 인지 발달도 적절히 이루어져, 이러한 원리를 이해하고 적용하기 시작할 수 있는 시기입니다. 복잡한 주짓수 기술을 모두 이해할 수는 없지만, 기본적인 원리와 움직임을 충분히 배울 수 있고, 이를 통해 신체적, 정신적 발달을 촉진할 수 있습니다.

태호의 학교 적응 사례

태호(가명)의 이야기가 이를 잘 보여줍니다. 태호는 초등학교 1학년 때 처음 주짓수를 시작했습니다. 처음에는 단순한 동작과 기본 원리만을 배웠지만, 그 과정에서 몸의 움직임과 균형에 대한 이해를 발전시켰습니다.

특히, 태호의 부모님이 인상적이었던 것은 주짓수가 태호의 학교 적응에 큰 도움이 되었다는 점이었습니다. 태호는 주짓수를 통해 얻은 자신감으로 새로운 환경과 친구들에게 더 잘 적응할 수 있었고, 위협적인 상황에서도 침착하게 대처하는 능력을 키웠습니다.

태호의 어머니는 이렇게 말씀하셨습니다.

"학교 생활을 시작하면서 태호가 큰 어려움 없이 적응할 수 있었던 것은 주짓수 덕분이라고 생각해요. 새로운 환경에서도 자신감을 잃지 않고, 어려움이 생겨도 침착하게 대처하는 모습을 보였거든요."

물론, 모든 아이들이 똑같은 시기에 주짓수를 시작해야 하는 것은 아닙니다. 아이의 발달 상태, 관심사, 그리고 가정의 상황에 따라 적절한 시기는 달라질 수 있습니다. 하지만 일반적으로, 초등학교 1학년은 주짓수를 시작하기에 매우 좋은 시기라고 생각합니다.

주짓수 시작 전 준비사항

주짓수를 시작하기 전에 몇 가지 준비사항을 알아두면 도움이 됩니다:

- 신체적 준비: 주짓수는 특별한 신체적 준비 없이도 시작할 수 있습니다. 기본 건강 체크, 기본적인 심폐 지구력, 그리고 달리기, 점프, 구르기 같은 기본 운동 능력이 있으면 도움이 되지만, 없어도 괜찮습니다. 실제 훈련 과정에서 이러한 능력이 자연스럽게 발달합니다.
- 정신적 준비: 주짓수를 시작하기 전, 아이와 함께 열린 마음, 인내심, 긍정적 태도, 존중의 마음, 의사소통 기술과 같은 정신적 준비를 하는 것이 도움이 됩니다. 특히 실패를 배움의 기회로 보는 긍정적 태도를 길러주는 것이 중요합니다.

- 필요 장비: 주짓수를 시작할 때 필요한 기본 장비는 주짓수 도복(기), 벨트, 래쉬가드(선택사항), 마우스가드(선택사항), 수건과 물병, 그리고 매트 밖에서 신는 슬리퍼입니다. 장비 구입 시에는 아이의 체격에 맞는 사이즈를 선택하는 것이 중요합니다.
- 비용 고려사항: 주짓수 시작 시 고려해야 할 비용 요소는 월 회비(보통 15~20만원), 입회비/등록비(일부 체육관), 장비 비용(기본 도복과 벨트 10~15만원), 승급 시 심사비, 그리고 대회 참가를 원할 경우의 참가비입니다.

좋은 체육관과 지도자 선택 기준

아이의 운동 경험과 성장은 체육관과 지도자의 질에 크게 영향을 받습니다. 좋은 체육관과 지도자를 선택하는 것은 아이의 주짓수 여정에 결정적인 영향을 미칩니다.

체육관 선택 기준

- 안전과 위생: 매트와 장비의 청결, 응급 처치 키트 구비, 충분한 운동 공간 등을 확인하세요.
- 시설과 장비: 아이들의 체격과 나이에 맞는 장비, 적절한 온도와 환기 시스템, 부모님 관람 공간 등을 살펴보세요.
- 분위기와 문화: 수업 참관을 통해 전반적인 분위기, 수련생들의 태도와 예절, 체육관의 철학과 가치관이 교육 목표와 일치하는지 확인하세요.

- 교육 프로그램: 아이의 나이와 수준에 맞는 수업, 인성 교육 포함 여부, 체계적인 커리큘럼과 평가 시스템을 확인하세요.

지도자 선택 기준

- 자격과 경험: 지도자의 자격증, 경력, 아이들을 가르친 경험, 안전 관련 자격 등을 확인하세요.

- 교수법과 접근 방식: 아이들과의 소통 방식, 개인 차이 존중 여부, 긍정적 강화 활용 여부, 모든 학생들에게 동등한 관심 제공 여부를 관찰하세요.

- 인성과 태도: 존중, 겸손, 정직, 인내와 같은 가치 체현 여부, 아이들의 질문과 관심사에 대한 반응, 실수와 실패에 대한 접근 방식을 관찰하세요.

- 소통 능력: 부모와의 열린 소통 채널, 아이의 진전과 도전 과제에 대한 정기적인 피드백 제공, 우려 사항이나 질문에 대한 응답 방식을 확인하세요.

체크해야 할 추가 사항

- 수업 규모와 비율: 지도자 대 학생 비율(아이들의 경우 1:10 이하가 이상적), 나이와 실력 수준에 따른 그룹 구분 여부를 확인하세요.

- 일정과 비용: 수업 일정의 가족 일정 부합 여부, 모든 비용(등록비, 월회비, 장비비, 승급 심사비 등)의 명확한 이해, 결석 시 보충 수업 정책을 확인하세요.

- 평판과 추천: 온라인 리뷰와 평가, 현재 회원들의 경험, 체육관의 지역 사회 평판, 가능하다면 무료 체험 수업 참여를 통한 직접 경험이 도움이 됩니다.

주짓수의 특별한 교육적 가치

모든 운동은 나름의 가치와 장점이 있습니다. 축구는 팀워크와 전략적 사고를, 수영은 전신 지구력과 호흡 조절을, 태권도는 예의와 자기 수양을 가르칩니다. 그렇다면 주짓수만의 특별한 교육적 가치는 무엇일까요?

주짓수의 독특한 교육적 특성

첫째, 주짓수는 파트너와 항상 함께하는 운동입니다. 혼자서는 절대 훈련할 수 없습니다. 이런 특성 때문에 자연스럽게 상호 존중과 배려를 배우게 됩니다. 상대방의 안전을 고려하고, 서로 도와가며 기술을 익히는 과정에서 협력의 중요성을 체득합니다.

미국의 실리콘밸리 기업가들 사이에서 주짓수가 인기를 얻은 이유 중 하나는 바로 이 협력적 측면 때문입니다. 페이스북의 마크 저커버그, 트위터의 전 CEO 잭 도시 등 많은 tech 리더들이 주짓수를 훈련합니다. 그들은 주짓수가 가르치는 협력, 문제 해결, 그리고 지속적 개선의 철학이 비즈니스 세계에도 적용된다고 말합니다.

수업 중에 저는 항상 이렇게 강조합니다. "여러분의 파트너는 여러분의 선생님입니다. 파트너가 없으면 여러분은 배울 수 없어요. 그러니 항상 파트너를 존중하고 배려해야 합니다." 이런 가르침은 매트 위에서뿐만 아니라, 일상생활에서도 타인을 존중하고 배려하는 태도로 이어집니다.

둘째, 주짓수는 실전에서 가장 효과적인 자기 방어 기술을 제공합니다. 하지만 중요한 점은, 주짓수가 폭력을 가르치는 것이 아니라 자기 보호와 제압을 가르친다는 것입니다. 실제로 주짓수는 상대방에게 최소한의 해를 입히면서 상황을 통제할 수 있는 방법을 가르칩니다.

MMA(종합격투기) 초창기, 그레이시 가문의 호이스 그레이시는 자신보다 훨씬 큰 상대들을 주짓수 기술로 제압하며 세계를 놀라게 했습니다. 이는 단순한 힘이 아닌 기술과 지식으로 어려운 상황을 극복할 수 있음을 보여준 역사적 사례입니다.

이는 현대 사회에 매우 적합한 철학입니다. 폭력은 결코 해결책이 아니라는 것, 그리고 자신을 보호하면서도 상대방에게 불필요한 해를 입히지 않는 것의 중요성을 배우게 됩니다.

셋째, 주짓수는 지적인 도전을 제공합니다. 단순한 힘이나 운동 능력보다는 기술의 원리를 이해하고 적용하는 능력이 중요합니다. 이는 아이들의 인지 발달에도 큰 도움이 됩니다. 문제 해결 능력,

공간 인식 능력, 그리고 전략적 사고를 발달시키기 때문입니다.

프로 주짓수 선수이자 교육자인 존 다나허는 "주짓수는 물리적 체스와 같다"고 표현했습니다. 몸을 움직이는 동시에 끊임없이 전략을 생각해야 하는 복합적 활동인 것입니다.

넷째, 주짓수는 실패와 성공을 모두 경험할 수 있는 환경을 제공합니다. 누구나 처음에는 실패합니다. 그리고 그 실패를 통해 배우고 성장합니다. 이런 과정이 반복되면서, 아이들은 실패를 두려워하지 않고 오히려 성장의 기회로 여기는 마인드셋을 발달시킵니다.

다섯째, 주짓수는 위계 없이 모든 체형과 능력의 사람들이 함께 훈련할 수 있습니다. 작은 체구의 사람이 큰 체구의 사람을 제압할 수 있는 기술을 배우기 때문에, 신체적 한계를 극복하는 경험을 제공합니다. 이는 아이들에게 "노력과 기술로 어떤 어려움도 극복할 수 있다"는 강력한 메시지를 전달합니다.

이런 특별한 교육적 가치들이 주짓수를 다른 운동과 차별화하며, 아이들의 전인적 성장에 기여합니다.

실전적 자기 방어 능력

주짓수는 실제 상황에서 자신을 방어하는 가장 효과적인 기술을 제공합니다. 크기나 힘의 차이를 극복할 수 있는 레버리지와 타이밍의 원리를 배우기 때문에, 체격이 작은 사람도 더 큰 상대를 제어할 수 있습니다. 이는 아이들에게 큰 자신감을 줍니다.

일반적인 무술이 타격에 중점을 둔다면, 주짓수는 통제와 제압에 중점을 둡니다. 이는 실제 갈등 상황에서 최소한의 폭력으로 자신을 보호할 수 있음을 의미합니다. 더불어, 위험한 상황을 인식하고 회피하는 방법도 가르칩니다. 가장 좋은 싸움은 하지 않는 싸움이라는 철학을 바탕으로, 자기 방어는 최후의 수단임을 강조합니다.

주짓수 훈련의 핵심은 실제 상황을 시뮬레이션하는 스파링(실전 훈련)입니다. 이 과정에서 아이들은 실제 압력과 저항에 대응하는 법을 배우게 되고, 이는 위협적인 상황에서도 침착하게 대처할 수 있는 능력을 발달시킵니다.

특히 어린이들에게는 괴롭힘이나 학교 폭력 상황에서 자신을 보호할 수 있는 기술을 배우는 것이 중요합니다. 주짓수는 신체적 충돌 없이도 상황을 통제하고 탈출할 수 있는 방법을 가르칩니다. 이런 기술은 아이들에게 큰 안정감과 자신감을 줍니다.

문제 해결 능력과 전략적 사고

주짓수는 종종 '인간 체스'라고 불립니다. 상대방의 움직임을 예측하고, 여러 단계 앞을 내다보며, 복잡한 기술의 연계를 계획해야 하기 때문입니다. 이런 과정은 아이들의 문제 해결 능력과 전략적 사고를 발달시킵니다.

매 순간 어떤 기술을 사용할지, 상대방의 반응에 어떻게 대응할지 결정해야 합니다. 이는 단순한 신체 활동이 아닌 복잡한 인지 과정을 요구합니다. 아이들은 이런 과정을 통해 문제를 다양한 각도에서 바라보고, 여러 해결책을 고려하며, 가장 효과적인 접근법을 선택하는 능력을 기르게 됩니다.

이러한 능력은 학교 생활이나 일상에서 마주하는 다양한 문제 상황에서도 적용될 수 있습니다. 아이들은 즉각적인 반응보다는 상황을 분석하고 최적의 해결책을 찾는 습관을 들이게 됩니다.

주짓수에서는 "계획이 항상 통하지는 않는다"는 원칙을 배우게 됩니다. 원하는 대로 되지 않을 때 빠르게 적응하고 새로운 접근법을 찾는 능력은 현대 사회에서 매우 중요한 기술입니다. 아이들은 주짓수를 통해 유연한 사고와 빠른 적응력을 길러나갑니다.

또한, 주짓수는 인과관계에 대한 깊은 이해를 발달시킵니다. 특정 행동이 어떤 결과를 가져오는지, 그리고 그것을 어떻게 자신에게 유리하게 활용할 수 있는지를 배우는 과정에서 아이들은 논리적 사고력을 기르게 됩니다.

회복탄력성과 실패로부터의 학습

주짓수에서는 실패가 학습의 필수적인 부분입니다. 새로운 기술을 배울 때, 처음에는 거의 항상 실패합니다. 하지만 그 실패를 통해 무엇이 잘못되었는지를 분석하고, 조정하고, 다시 시도합니다. 이 과정을 통해 아이들은 실패를 두려워하지 않고, 오히려 그것을 성장의 기회로 여기는 마인드셋을 발달시킵니다.

이런 회복탄력성은 현대 사회에서 매우 중요한 자질입니다. 빠르게 변화하는 환경에서 실패와 좌절은 불가피하며, 그것을 어떻게 다루고 극복하느냐가 성공의 중요한 요소입니다. 주짓수는 아이들에게 이런 역경을 극복하는 방법을 실제 경험을 통해 가르칩니다.

또한, 주짓수에서는 스파링(실전 훈련)을 통해 기술을 테스트합니다. 여기서 실패는 일상적인 일이며, 매 실패는 배움의 기회로 여겨집니다. 이런 환경에서 아이들은 실패에 대한 두려움을 극복하고, 지속적인 개선을 위한 피드백으로 받아들이는 법을 배웁니다.

주짓수 커뮤니티에서는 "패배는 없다. 승리하거나 배우는 것뿐이다"라는 말을 자주 사용합니다. 이는 실패를 배움의 과정으로 재해석하는 접근법으로, 아이들에게 장기적인 성장 마인드셋을 심어줍니다.

더불어, 주짓수는 점진적 도전을 통한 성취감을 경험하게 합니다. 처음에는 간단한 기술부터 시작해서 점점 더 복잡한 기술로 발전해 나가는 과정에서, 아이들은 자신의 한계를 극복하고 성장하는 경험을 하게 됩니다. 이런 경험은 다른 영역에서의 도전에도 자신감을 갖게 하는 토대가 됩니다.

존중과 겸손의 문화

주짓수에는 깊은 존중의 문화가 있습니다. 수업 시작과 끝에 인사하는 예절, 상대방을 존중하는 태도, 지도자의 가르침에 대한 경청 등이 강조됩니다. 이러한 문화는 아이들에게 타인에 대한 존중과 예의의 중요성을 가르칩니다.

또한, 주짓수는 특유의 겸손한 문화를 가지고 있습니다. 누구나 언제든지 진다는 사실을 받아들이고, 그것을 배움의 기회로 여기는 것입니다. 고단자도 처음 들어온 초보자에게 배울 점이 있다는 믿음이 있습니다. 이런 겸손의 문화는 아이들에게 항상 열린 마음으로 배우는 자세를 가르칩니다.

더불어, 주짓수 커뮤니티는 강한 유대감을 형성합니다. 함께 훈련하고 서로를 도와주는 과정에서 깊은 우정과 신뢰가 형성됩니다. 이러한 커뮤니티 의식은 아이들에게 소속감과 지지를 제공하며, 건강한 사회적 관계의 모델이 됩니다.

주짓수에서는 상대방의 기술을 인정하고 배우려는 태도가 중요합니다. 이는 경쟁보다는 서로의 성장을 돕는 협력적 관계를 강조하는 문화입니다. 아이들은 이런 환경에서 건강한 경쟁과 협력의 균형을 배우게 됩니다.

또한, 승리했을 때의 겸손함과 패배했을 때의 존엄성을 모두 중요시합니다. 이는 스포츠맨십을 넘어 삶의 태도로 이어질 수 있는 가치입니다. 아이들은 승패에 상관없이 상대방을 존중하고 자신의 가치를 유지하는 법을 배웁니다.

운동 선택의 기준: 아이의 성장과 배움의 기회

운동을 선택할 때 고려해야 할 몇 가지 중요한 기준이 있습니다. 물론 아이의 성향이나 관심사도 중요하지만, 그보다 더 중요한 것은 그 운동이 아이에게 얼마나 많은 성장과 배움의 기회를 제공하는가입니다.

운동을 통한 성장의 가치

운동은 기본적으로 힘듭니다. 체력을 기르고, 새로운 기술을 배우고, 한계를 극복하는 과정은 결코 쉽지 않습니다. 하지만 바로 이 '어려움'이 성장의 기회가 됩니다. 운동을 통해 아이들은 실패와 성공을 경험하고, 그 과정에서 많은 교훈을 얻게 됩니다.

기업가 일론 머스크는 자신의 아이들에게 주짓수를 권장하는 것으로 알려져 있습니다. 그는 자녀 교육에서 "어려움을 극복하는 능력"을 가장 중요시하며, 주짓수가 이러한 회복탄력성을 기르는 데 효과적이라고 믿습니다.

따라서, 운동을 선택할 때는 아이가 가장 많은 실패와 성공, 그리고 그로부터 얻을 수 있는 교훈이 무엇인지를 고려해야 합니다. 주짓수는 이런 점에서 매우 뛰어난 운동입니다.

성장은 편안함의 영역을 벗어날 때 일어납니다. 운동은 아이들에게 안전한 환경에서 자신의 한계를 시험하고 확장할 수 있는 기회를 제공합니다. 특히 주짓수와 같은 격투 스포츠는 신체적, 정신적 한계에 직면하고 그것을 극복하는 과정을 통해 강한 회복탄력성을 기르게 합니다.

또한, 운동은 단순한 신체 활동을 넘어 인생의 중요한 교훈을 가르치는 장이 될 수 있습니다. 노력과 헌신, 인내, 존중, 겸손, 그리고 지속적인 성장과 같은 가치들은 운동을 통해 자연스럽게 배울 수 있습니다. 이런 가치들은 학업, 직업, 인간관계 등 삶의 모든 영역에서 성공의 토대가 됩니다.

주짓수가 제공하는 기회들

주짓수에서는 매 순간이 학습의 기회입니다. 새로운 기술을 배울 때의 어려움, 그것을 성공적으로 적용했을 때의 성취감, 상대방에게 졌을 때의 좌절감, 그리고 그 좌절을 극복하고 다시 도전하는 과정… 이 모든 것이 아이의 성장에 기여합니다.

하버드 대학의 연구에 따르면, 어려운 과제를 극복하는 과정에서 얻는 성취감은 자신감과 회복탄력성 발달에 핵심적인 요소입니다. 주짓수는 이런 경험을 지속적으로 제공합니다.

또한, 주짓수는 단순한 신체 활동을 넘어 삶의, 관계의, 성취의 기술을 가르칩니다. 타인과의 협력, 존중, 인내, 끈기, 문제 해결 능력 등 주짓수를 통해 배우는 것들은 매우 다양합니다.

선택의 기준은 단순히 "우리 아이가 좋아할까?"가 아니라 "우리 아이가 이 운동을 통해 어떤 성장을 이룰 수 있을까?"가 되어야 합니다. 물론 아이가 즐겁게 참여할 수 있는 환경도 중요하지만, 그것만으로는 충분하지 않습니다. 진정한 성장은 도전과 어려움을 극복하는 과정에서 이루어지기 때문입니다.

주짓수를 통한 놀라운 변화: 실제 사례

주짓수가 아이들에게 가져다주는 변화는 때로는 놀라울 정도입니다. 특히 다른 운동을 경험한 후 주짓수로 전환한 아이들의 사례는 주짓수의 독특한 가치를 잘 보여줍니다.

현우의 놀라운 성장

현우(가명)의 이야기가 좋은 예입니다. 현우는 초등학교 4학년 때 처음 저희 체육관에 왔습니다. 그전에 그는 2년 동안 다른 운동을 해왔지만, 큰 변화나 성장을 경험하지 못했다고 합니다.

처음 만났을 때 현우는 기본적인 낙법이나 앞구르기조차 하지 못했고, 윗몸 일으키기도 한번 하지 못하는 상태였습니다. 체력이 약했을 뿐만 아니라, 자신감도 많이 부족해 보였습니다.

저는 현우의 상태를 파악한 후, 그에게 맞는 단계적인 훈련 계획을 세웠습니다. 처음에는 기본적인 동작과 체력 훈련부터 시작했습니다. 작은 성취에도 큰 칭찬을 해주고, 자신감을 북돋아 주었습니다.

몇 주가 지나자 현우는 조금씩 변화하기 시작했습니다. 기본 동작에 익숙해지고, 체력도 향상되었습니다. 3개월이 지났을 때, 그는 이미 다양한 주짓수 기술을 배우고 있었고, 체력 테스트에서도 큰 발전을 보였습니다.

가장 놀라운 변화는 6개월 후에 찾아왔습니다. 어느 날 현우가 수업이 끝난 후 들뜬 표정으로 제게 달려왔습니다.

"관장님! 제가 학교 체력테스트에서 만점을 받았어요! 반에서 1등이었어요!"

현우의 눈은 기쁨과 자부심으로 반짝였습니다. 그 모습이 지금도 생생하게 기억납니다.

"정말? 대단하구나! 어떤 테스트였어?"
"50미터 달리기, 윗몸 일으키기, 팔굽혀펴기, 앉아서 윗몸 앞으로 굽히기. 전부 다요! 예전에는 꼴찌였는데. 이제는 1등이에요. 주짓수 덕분이에요, 관장님!"

저는 현우의 어깨를 토닥이며 말했습니다.

"주짓수 덕분이 아니야, 현우야. 너의 노력이 이런 결과를 만든 거야. 처음 왔을 때 윗몸 일으키기 한 번도 못했던 것 기억나? 그때부터 지금까지 한 번도 포기하지 않고 계속 노력해온 네가 만든 결과란다. 네 자신이 정말 자랑스러워해도 좋아."

현우는 부끄러운 듯 웃었지만, 그의 얼굴에서 자신감이 넘쳐났습니다.

주짓수의 변화 능력

이것이 바로 주짓수의 힘입니다. 주짓수는 단순히 특정 기술을 가르치는 것이 아니라, 아이의 전반적인 신체 능력, 자신감, 그리고 도전 정신을 발달시킵니다. 이러한 발전은 주짓수 매트 위에만 머무르지 않고, 학교 생활과 일상생활의 모든 영역으로 확장됩니다.

현우의 사례는 특별한 것이 아닙니다. 저희 체육관에서는 이런 변화와 성장을 매일 목격합니다. 물론 모든 아이가 똑같은 속도로 발전하는 것은 아니지만, 꾸준히 주짓수를 한다면 누구나 자신만의 성장 스토리를 만들어갈 수 있습니다.

주짓수가 가져오는 변화의 가장 큰 특징은 그 '전이성'에 있습니다. 주짓수에서 배운 원칙과 태도, 그리고 마인드셋은 다른 영역으로 자연스럽게 전이됩니다. 인내심, 회복탄력성, 목표 설정 능력, 문제 해결 능력과 같은 기술들은 학업, 인간관계, 그리고 나중에는 직업 세계에서도 큰 자산이 됩니다.

이러한 변화가 가능한 이유는 주짓수가 단순한 신체 활동이 아니라 '철학'을 가르치기 때문입니다. 그것은 실패와 성공을 대하는 태도, 어려움을 극복하는 방법, 타인과 협력하는 자세에 관한 철학입니다. 이런 철학적 접근이 아이들의 삶 전반에 깊은 영향을 미치게 됩니다.

흔한 오해와 올바른 이해

주짓수에 대한 몇 가지 흔한 오해들을 바로잡고자 합니다.

오해 1: "격투 스포츠는 폭력성을 키운다"

많은 사람들이 주짓수와 같은 격투 스포츠가 아이의 폭력성을 키울 수 있다고 걱정합니다. 하지만, 실제로는 정반대입니다. 주짓수는 자기 통제, 상대방에 대한 존중, 그리고 책임감을 가르칩니다. 주짓수에서는 항상 "상대를 존중하라", "과도한 힘을 사용하지 말라", "파트너의 안전을 최우선으로 생각하라"는 원칙을 강조합니다.

연구에 따르면, 격투 스포츠를 배우는 아이들은 오히려 학교 폭력이나 싸움에 덜 참여하는 경향이 있습니다. 그들은 자신의 능력에 대한 자신감이 있기 때문에, 자신을 증명하기 위해 싸움을 할 필요성을 덜 느낍니다.

주짓수는 오히려 갈등 해결 기술을 가르칩니다. 상대방과의 신체적 충돌 상황에서 침착함을 유지하고, 분노나 두려움에 휩쓸리지 않고 문제를 해결하는 방법을 배우게 됩니다. 이러한 경험은 다른 갈등 상황에서도 적용될 수 있는 값진 교훈이 됩니다.

오해 2: "주짓수는 체격이 큰 아이들에게만 적합하다"

주짓수는 체격이 크고 힘이 센 아이들에게만 적합하다는 오해가 있습니다. 그러나 주짓수는 '작은 사람이 큰 사람을 이길 수 있는 기술'로 알려져 있습니다. 주짓수의 핵심은 레버리지(지렛대의 원리)와 타이밍을 사용하여 체격과 힘의 차이를 극복하는 것입니다.

실제로, 체격이 작은 아이들이 주짓수에서 종종 더 빠르게 발전하는 경우가 있습니다. 그들은 처음부터 힘에 의존할 수 없기 때문에, 올바른 기술과 타이밍을 더 빨리 배우게 됩니다. 이는 장기적으로 더 뛰어난 기술 발달로 이어질 수 있습니다.

주짓수는 모든 체형과 체격의 아이들이 참여할 수 있는 포용적인 운동입니다. 각자의 체격과 능력에 맞는 전략과 기술을 발전시켜 나갈 수 있기 때문에, 어떤 아이라도 자신만의 방식으로 성공할 수 있습니다.

오해 3: "주짓수는 남자아이들에게만 적합하다"

주짓수와 같은 격투 스포츠가 주로 남자아이들을 위한 것이라는 오해가 있습니다. 하지만 주짓수는 성별에 관계없이 모든 아이들에게 동등하게 유익합니다. 주짓수는 물리적인 힘보다 기술과 전략을 강조하기 때문에, 남녀 모두에게 적합합니다.

많은 여성 주짓수 수련자들이 이 운동이 그들에게 가져다 준 자신감과 자기 방어 능력에 대해 증언합니다. 주짓수는 여자아이들에게도 같은 가치와 혜택을 제공합니다.

실제로, 전 세계적으로 여성 주짓수 선수들의 수가 급증하고 있으며, 많은 여성들이 국제 대회에서 두각을 나타내고 있습니다. 이는 주짓수가 성별에 관계없이 누구나 참여하고 성공할 수 있는 운동임을 증명합니다.

더불어, 여자아이들에게는 자기 방어 능력을 키울 수 있다는 점이 특히 중요합니다. 주짓수는 신체적 크기나 힘의 차이를 극복할 수 있는 기술을 가르치기 때문에, 여자아이들에게 더 큰 자신감과 안전감을 줄 수 있습니다.

오해 4: "운동은 학업에 방해가 된다"

많은 부모님들이 운동이 학업 시간을 빼앗아 학업 성취에 방해가 될까 걱정합니다. 그러나 연구에 따르면, 규칙적인 신체 활동은 실제로 학업 성취를 향상시킬 수 있습니다. 운동은 뇌의 혈류를 증가시키고, 집중력과 인지 기능을 향상시키며, 스트레스를 감소시킵니다.

또한 운동을 통해 배우는 인내심, 목표 설정, 시간 관리 등의 기술은 학업에도 직접 적용될 수 있습니다. 많은 성공적인 학생들이 균형 잡힌 학업과 운동 일정을 유지하며, 이것이 그들의 전반적인 성취에 도움이 된다고 보고합니다.

주짓수와 같은 구조화된 운동은 오히려 시간 관리 능력을 향상시킬 수 있습니다. 규칙적인 훈련 일정을 가짐으로써, 아이들은 자연스럽게 계획성을 기르고 시간을 효율적으로 사용하는 법을 배웁니다. 이는 학업 시간도 더 집중해서 활용할 수 있게 도와줍니다.

더불어, 주짓수는 학업과 마찬가지로 지적 도전을 제공합니다.

복잡한 기술과 전략을 이해하고 적용하는 과정은 인지 발달을 촉진하며, 이는 학업적 문제 해결 능력 향상에도 도움이 됩니다.

오해 5: "주짓수는 위험한 운동이다"

모든 신체 활동에는 부상의 위험이 있지만, 주짓수는 적절한 지도와 안전 조치 하에서 상대적으로 안전한 운동입니다. 주짓수는 타격이 없는 무술로, 대부분의 훈련은 통제된 환경에서 이루어집니다.

안전을 위한 중요 요소로는 자격을 갖춘 지도자의 지도, 적절한 워밍업과 쿨다운, 연령과 능력에 맞는 훈련 강도, 적절한 장비(마우스가드, 보호대 등) 사용, 그리고 안전한 매트와 훈련 환경이 있습니다.

주짓수에서는 '탭아웃'이라는 항복 신호 시스템을 사용합니다. 이는 기술에 걸렸을 때 상대방에게 신호를 보내 풀어달라고 요청하는 것입니다. 이 시스템 덕분에 심각한 부상의 위험을 크게 줄일 수 있습니다.

더불어, 적절한 체육관에서는 아이들의 안전을 최우선으로 생각합니다. 연령과 수준에 맞는 수업 구성, 안전 교육, 그리고 체계적인 진도 관리를 통해 부상 위험을 최소화합니다.

실제로, 많은 연구에서 주짓수는 다른 스포츠와 비교했을 때 부상률이 낮은 편에 속한다고 보고합니다. 특히 아이들을 위한 주짓수 프로그램은 안전을 최우선으로 설계되어 있어, 더욱 안전한 환경에서 훈련할 수 있습니다.

부모님의 역할: 아이의 운동 여정 지원하기

아이의 운동 생활에서 부모님의 역할은 매우 중요합니다. 특히 운동 선택의 단계와 지속의 단계에서 부모님의 지지와 격려는 아이의 성공적인 운동 경험에 결정적인 영향을 미칩니다.

현명한 운동 선택을 돕는 부모의 역할

첫째, 운동 선택 단계에서 부모님은 아이의 성향과 관심사를 존중하되, 동시에 장기적인 관점에서 아이의 성장에 도움이 될 수 있는 운동을 고려해야 합니다. 앞서 설명했듯이, 주짓수는 다양한 성향의 아이들에게 모두 적합하며, 전인적 성장을 돕는 많은 가치를 제공합니다.

운동을 선택할 때는 아이와 함께 여러 옵션을 탐색하고, 체험 수업에 참여해보는 것이 좋습니다. 이를 통해 아이는 다양한 운동을 직접 경험해볼 수 있고, 부모님은 각 운동의 교육 철학과 지도 방식을 관찰할 수 있습니다.

또한, 아이의 성향과 발달 단계를 고려하는 것이 중요합니다. 너무 어린 아이에게 지나치게 경쟁적인 환경은 부담이 될 수 있고, 반대로 너무 단순한 활동은 성장하는 아이에게 충분한 도전을 제공하지 못할 수 있습니다.

둘째, 운동을 시작한 후에는 꾸준한 지지와 격려가 필요합니다. 모든 운동은 처음에는 어렵고 도전적입니다. 이 시기에 아이가 좌절하고 포기하고 싶어할 수 있습니다. 하지만 부모님의 지지와 격려가 있다면, 아이는 이런 어려움을 극복하고 계속 나아갈 수 있습니다.

특히, 아이의 작은 성취와 노력을 알아보고 칭찬해주는 것이 중요합니다. "오늘 새로운 기술을 배웠구나, 정말 대단하다!", "힘들었을 텐데 끝까지 수업에 참여했네, 너의 끈기가 자랑스럽다!" 이런 구체적인 칭찬은 아이에게 큰 동기부여가 됩니다.

셋째, 부모님이 직접 운동의 가치를 인정하고 중요시하는 태도를 보여주는 것도 중요합니다. 아이들은 부모님의 말보다 행동을 더 많이 배웁니다. 부모님이 운동을
중요하게 여기고, 가능하다면 직접 참여하는 모습을 보여준다면, 아이도 운동의 가치를 더 깊이 이해하고 받아들일 것입니다.

일본 주짓수 챔피언 시노부 타나카는 자신의 성공 비결로 어머니의 지지를 꼽습니다.

"어머니는 내가 훈련에 지칠 때마다 '넌 할 수 있어'라고 말해주셨습니다. 그 믿음이 내가 포기하지 않고 계속 도전할 수 있

는 힘이 되었습니다."

마지막으로, 운동과 학업 사이의 균형을 잡아주는 것도 부모님의 중요한 역할입니다. 둘 다 아이의 성장에 중요한 영역이며, 어느 하나를 위해 다른 하나를 희생할 필요는 없습니다. 오히려 앞서 설명했듯이, 운동은 학업 성취에도 긍정적인 영향을 미칠 수 있습니다.

지속을 위한 환경 제공

아이가 운동을 지속적으로 하기 위해서는 적절한 환경 제공이 중요합니다. 이는 물리적 환경뿐만 아니라 정서적, 사회적 환경도 포함합니다.

적절한 장비와 도구:

아이가 운동을 편안하게 할 수 있도록 적절한 장비와 복장을 제공하는 것이 중요합니다. 주짓수의 경우, 잘 맞는 도복(기)과 벨트, 그리고 필요한 보호 장비가 있습니다. 이런 장비들이 잘 관리되고 준비되어 있다면, 아이는 훈련에 더 집중할 수 있습니다.

정기적인 일정 유지:

아이들은 규칙적인 일정에서 안정감을 느낍니다. 주짓수 수업을 위한 정기적인 일정을 만들고 이를 유지하는 것이 중요합니다. 이는 아이에게 운동이 일상생활의 중요한 부분임을 인식시킵니다.

가정에서의 지원:

가정에서도 운동의 가치를 강화하는 분위기를 조성하는 것이 도움이 됩니다. 주짓수와 관련된 이야기나 영상을 함께 보거나, 간단한 스트레칭이나 운동을 함께 하는 것도 좋은 방법입니다.

지도자와의 소통:

아이의 발전 상황, 어려움, 그리고 가정에서 도울 수 있는 부분들을 알기 위해 정기적으로 지도자와 소통하는 것이 중요합니다. 이를 통해 아이의 성장을 더 효과적으로 지원할 수 있습니다.

목표 설정 돕기:

아이가 자신만의 목표를 설정하고 이를 향해 노력할 수 있도록 돕는 것이 중요합니다. 이런 목표는 다음 벨트 승급이나 특정 기술 습득, 또는 대회 참가 등이 될 수 있습니다. 목표가 있다면 아이는 더 집중해서 훈련에 임할 수 있습니다.

성취 축하하기:

아이가 작은 목표를 달성했을 때, 이를 함께 축하하고 인정해주는 것이 중요합니다. 이는 아이에게 성취감을 주고 계속해서 도전할 수 있는 동기를 부여합니다.

결국, 부모님의 지지와 이해, 그리고 균형 잡힌 시각이 아이의 성공적인 운동 경험을 위한 토대가 됩니다. 아이가 주짓수를 통해 성장하고 발전할 수 있도록, 부모님도 함께 여정에 동참해 주시기 바랍니다.

다음 단계: 운동을 시작하기 위한 준비

이제 우리는 왜 운동이 중요한지, 특히 주짓수가 어떤 특별한 가치를 제공하는지, 그리고 아이에게 맞는 운동을 선택하는 기준은 무엇인지 살펴보았습니다. 이제 남은 질문은 "어떻게 시작할 것인가?"입니다.

다음 장에서는 아이와 함께 주짓수 여정을 시작하기 위한 구체적인 방법과 전략에 대해 알아보겠습니다. 첫 수업을 선택하는 방법부터, 아이가 지속적으로 참여할 수 있도록 돕는 방법, 그리고 가정에서 운동의 가치를 강화하는 방법까지 실용적인 조언을 제공할 것입니다.

이 여정은 단순한 운동 그 이상의 것입니다. 그것은 아이의 성장과 발전을 위한 투자이며, 평생 동안 가치를 발휘할 자산을 쌓는 과정입니다. 함께 시작해봅시다.

주짓수, 미래를 위한 최고의 투자

지금까지 우리는 다양한 운동, 특히 주짓수가 아이들의 성장과 발달에 미치는 긍정적인 영향에 대해 살펴보았습니다. 주짓수가 내성적인 아이들에게는 자신감을, 활발한 아이들에게는 자기 통제를, 공격적인 아이들에게는 존중과 절제를, 그리고 자신감이 부족한 아이들에게는 성취감을 줄 수 있다는 것을 보았습니다.

또한 주짓수의 특별한 교육적 가치, 좋은 체육관과 지도자 선택의 중요성, 그리고 주짓수 시작을 위한 실질적인 준비사항에 대해서도 알아보았습니다. 주짓수는 단순한 신체 활동을 넘어, 아이의 전인적 성장을 돕는 효과적인 도구가 될 수 있습니다.

주짓수는 아이에게 다음과 같은 평생의 자산을 제공합니다:
- 신체적 건강과 체력
- 자신감과 자기 방어 능력
- 회복탄력성과 실패로부터의 학습 능력
- 목표 설정과 달성 능력
- 존중과 겸손의 태도
- 문제 해결 능력과 전략적 사고
- 집중력과 인내심
- 협력과 팀워크 능력

이러한 가치들은 주짓수 매트 위에만 머무르지 않고, 학교 생활, 인간 관계, 그리고 미래의 직업 세계에서도 큰 자산이 될 것입니다. 빠르게 변화하는 현대 사회에서, 이러한 기술과 태도는 어떤 학문적 지식보다도 중요할 수 있습니다.

부모로서 여러분이 할 수 있는 가장 중요한 선물 중 하나는 아이에게 이런 소중한 경험과 가치를 접할 기회를 제공하는 것입니다. 그 첫 걸음을 내딛는 데 이 책이 작은 도움이 되었기를 바랍니다.

아이와 함께 주짓수의 여정을 시작하세요. 그 과정에서 아이의 성장뿐만 아니라, 부모로서의 여러분도 많은 것을 배우고 성장할 것입니다. 함께하는 이 여정이 여러분 가족 모두에게 소중한 추억과 가치를 선사하길 바랍니다.

핵심 포인트

1. **보편적 적합성:** 주짓수는 내성적인 아이부터 활발한 아이까지 모든 성향의 아이들에게 각자의 방식으로 도움이 됩니다.

2. **최적 시기:** 초등학교 1학년(만 7세) 무렵은 주짓수를 시작하기에 가장 적합한 시기입니다.

3. **교육적 가치:** 주짓수는 신체적 능력 향상뿐 아니라 자기보호, 자신감, 인내심, 협동심 발달에 탁월합니다.

4. **성향별 혜택:** 내성적인 아이는 자신감을, 활발한 아이는 에너지 조절을, 공격적인 아이는 자기 통제를 배웁니다.

5. **변화의 힘:** 운동, 특히 주짓수는 아이의 신체적, 정신적, 사회적 발달에 총체적인 변화를 가져올 수 있습니다.

6장

운동과 학업, 두 마리 토끼를 잡는 방법

운동과 학업 병행의 현실적 고민들

"우리 아이가 운동을 하면 공부할 시간이 부족하지 않을까요?"
"학원 일정이 빽빽한데, 운동까지 시키면 아이가 너무 힘들지 않을까요?"
"시험 기간에는 운동을 쉬어야 하지 않을까요?"

이런 질문들은 제가 학부모님들로부터 가장 자주 듣는 질문들입니다. 운동의 중요성을 인식하면서도, 학업과의 균형을 어떻게 맞출지 고민하는 것은 자연스러운 일입니다. 특히 한국의 교육 환경에서는 더욱 그렇습니다.

하지만 이 장에서 강조하고 싶은 것은, 운동과 학업은 결코 대립되는 활동이 아니라는 점입니다. 오히려 적절히 병행했을 때 시너지 효과를 낼 수 있습니다. 앞서 살펴본 것처럼, 운동은 집중력, 인내심, 목표 설정 능력 등 학업 성취에도 도움이 되는 많은 자질들을 발달시킵니다.

문제는 '왜' 병행해야 하는가가 아니라, '어떻게' 효과적으로 병행할 것인가입니다. 그리고 이것은 체력 관리와 시간 관리의 문제로 귀결됩니다.

아이들이 운동과 학업을 모두 잘하기 위해서는 충분한 체력이 필요합니다. 그리고 제한된 시간 안에 두 가지 활동을 모두 해내기 위해서는 효율적인 시간 관리가 필수적입니다.

이 장에서는 운동과 학업을 효과적으로 병행하기 위한 실질적인 전략과 방법을 살펴보겠습니다. 이를 통해 부모님들이 자녀의 균형 잡힌 성장을 도울 수 있기를 바랍니다.

효과적인 시간 관리: 전략과 실천 방법

시간 관리는 운동과 학업을 병행하는 데 있어 가장 중요한 요소 중 하나입니다. 모든 아이들에게 하루는 24시간이고, 이 시간을 어떻게 배분하느냐에 따라 성장의 방향과 속도가 달라집니다.

주 3회는 반드시 운동하기

이상적으로는 주 5회 운동이 권장되지만, 현실적인 학업 일정을 고려할 때 주 3회는 반드시 운동할 수 있도록 시간표를 구성하는 것이 중요합니다. 주 3회 운동은 신체 발달과 건강 유지를 위한 최소한의 요건이라고 볼 수 있습니다.

예를 들어 주짓수의 경우, 대한주짓수회에서도 초보자들에게 주 3회 훈련을 권장합니다. 이는 기술 습득과 신체 적응을 위한 최소한의 빈도로, 이보다 적으면 진전이 더디고 이미 배운 것을 잊어버리기 쉽기 때문입니다. 다른 종목도 비슷한 원칙이 적용됩니다.

한국의 농구 스타 허재 선수는 자신의 아들들(허웅, 허훈)을 국가대표 농구선수로 키워냈습니다. 그는 인터뷰에서 "아이들의 학업도 중요하지만, 운동 시간은 절대 타협하지 않았다"며 "일찍 일어나 새벽 훈련을 하고 학교에 가게 했다"고 말했습니다. 이처럼 운동을 생활의 필수적인 부분으로 자리잡게 하는 것이 중요합니다.

주 3회 운동 시간을 확보하는 것은 아이의 균형 있는 성장을 위한 최소한의 투자입니다. 이 시간은 결코 낭비가 아니며, 오히려 학업 성취를 포함한 아이의 전반적인 발달에 큰 도움이 됩니다.

통합적 시간 관리를 위한 구체적인 방법

효과적인 시간 관리를 위한 구체적인 방법을 제안합니다:

1. 주간 계획표 작성하기

주간 단위로 계획을 세우는 것은 운동과 학업의 균형을 맞추는 데 큰 도움이 됩니다.

- 운동 시간 우선 배정: 학원 일정만을 먼저 정하지 말고, 운동 시간을 먼저 고정하고 나머지 일정을 그 주변에 배치하세요.
- 시각화: 학업, 운동, 휴식 시간을 색상 코드로 구분하여 시각화하세요.
- 가시성 확보: 계획표를 냉장고나 아이의 책상 위 같은 눈에 잘 보이는 곳에 붙여두세요.
- 디지털 활용: 가족 전체가 함께 보는 캘린더 앱(구글 캘린더, 애플 캘린더 등)을 활용하세요.
- 주기적 점검: 주말에 잠시 시간을 내어 다음 주 계획을 세우고 지난

주 계획의 실행 정도를 점검하세요.

2. 에너지 레벨에 따른 활동 배치하기

하루 중 에너지 레벨이 가장 높은 시간대에 집중력을 요구하는 활동을 배치하세요:

- 고에너지 시간대: 새로운 개념 학습, 문제 풀이, 집중이 필요한 공부
- 중에너지 시간대: 복습, 운동, 과제 작성
- 저에너지 시간대: 가벼운 독서, 암기, 정리 활동

아이의 에너지 패턴을 관찰하여 개인별 맞춤 일정을 만들어보세요. 어떤 아이들은 아침에 집중력이 좋고, 어떤 아이들은 오후나 저녁에 더 집중할 수 있습니다.

3. 전환 시간 확보하기

운동 직후 바로 공부를 시작하기보다는, 짧은 전환 시간을 두는 것이 효과적입니다:

- 운동 후 20-30분의 휴식 및 전환 시간 확보하기
- 가벼운 간식과 수분 섭취로 에너지 보충하기
- 5-10분간 명상이나 깊은 호흡으로 마음 정리하기

- 샤워나 옷 갈아입기를 통해 심리적 전환 만들기

학원 수업 직후에 운동 시간을 배정하는 것도 좋은 방법입니다. 오랜 시간 앉아서 공부한 후 신체 활동을 하면 머리를 식히고 스트레스를 해소하는 데 도움이 됩니다. 또한 이렇게 하면 하루에 두 번 이동하는 시간을 줄일 수 있어 시간 효율성도 높아집니다.

4. 학업 효율성 높이기

단순히 공부 시간을 늘리는 것보다 집중력과 효율성을 높이는 것이 중요합니다:

- 뽀모도로 기법: 25분 집중 공부 후 5분 휴식, 4회 반복 후 긴 휴식 15-30분
- 공부 환경 최적화: 방해 요소 제거, 집중에 도움이 되는 환경 조성
- 학습 계획 세분화: 큰 과제를 작은 단위로 나누어 성취감 높이기
- 디지털 디톡스: 공부 시간에는 휴대폰과 SNS 차단하기
- 인센티브 시스템: 계획한 공부를 마치면 작은 보상 제공하기

5. 효율적인 학원 시간표 관리

많은 아이들이 여러 학원을 다니는 현실에서, 효율적인 학원 시간표 관리가 중요합니다:

- 운동하는 날과 학원 수업이 있는 날을 분리하거나 균형 있게 배치하기
- 가능하다면 비슷한 지역의 학원으로 이동 시간 최소화하기
- 학원 숙제는 가능한 학원에서 완료하기
- 정기적으로 학원 일정 검토하여 불필요한 수업 조정하기
- 온라인 학습 리소스 활용하여 이동 시간 줄이기

운동-학업 균형 자가진단 체크리스트

아래 체크리스트를 통해 현재 자녀의 운동과 학업 균형 상태를 점검해보세요. 각 항목에 대해 '그렇다'면 1점, '보통이다'면 0.5점, '아니다'면 0점을 부여하고 합산하세요.

항목	그렇다	보통	아니다
① 자녀가 주 3회 이상 규칙적으로 운동하고 있다.			
② 운동 시간이 학업 일정과 충돌 없이 잘 조율되어 있다.			
③ 자녀가 운동을 통해 스트레스를 효과적으로 해소한다.			
④ 운동 후 자녀의 학습 집중력이 향상된다.			
⑤ 자녀가 운동과 학업 사이에서 시간 관리를 잘하고 있다.			
⑥ 시험 기간에도 최소한의 운동은 유지하고 있다.			
⑦ 운동을 통해 배운 인내심, 목표 설정 등이 학업에 긍정적 영향을 미친다.			
⑧ 자녀가 운동에 대해 내적 동기부여가 잘 되어 있다.			
⑨ 가족 모두가 자녀의 운동-학업 균형을 지지하고 응원한다.			
⑩ 운동과 학업 병행으로 인한 과도한 스트레스 없이 건강한 상태다.			

점수 해석:

- 8-10점: 훌륭한 균형 상태입니다. 현재 방식을 유지하세요.
- 5-7.5점: 괜찮은 상태이나 개선의 여지가 있습니다. 부족한 항목에 집중하세요.
- 0-4.5점: 균형 개선이 필요합니다. 본 장의 전략을 활용해 보세요.

지속적인 운동 참여를 위한 동기부여 전략

운동을 시작하는 것은 쉽지만, 지속하는 것은 어렵습니다. 특히 아이들은 쉽게 흥미를 잃고 새로운 것을 찾는 경향이 있습니다. 하지만 운동의 진정한 가치는 지속적인 참여를 통해서만 얻을 수 있습니다. 따라서 아이가 꾸준히 운동에 참여하도록 돕는 것이 매우 중요합니다.

한국의 유도 금메달리스트 김재범 선수는 어린 시절부터 꾸준히 훈련을 이어온 대표적인 사례입니다. 그는 "한두 번의 연습으로는 아무것도 얻을 수 없다. 진정한 실력은 매일 반복되는 기본기 훈련에서 나온다"고 강조합니다. 이처럼 지속적인 참여는 운동의 가장 중요한 가치 중 하나입니다.

내적 동기 강화하기

장기적인 운동 참여를 위해서는 외부의 보상보다 내적 동기가

더 중요합니다:

- 자율성 지원: 아이가 스스로 운동을 선택하고 결정하는 기회 주기
- 숙련도 경험: 작은 성취를 자주 경험할 수 있는 환경 만들기
- 목적 의식: 운동이 왜 중요한지, 어떤 가치가 있는지 이해시키기
- 즐거움 강조: 운동의 재미와 즐거움을 강조하고 경쟁보다는 과정 자체를 중시하기
- 롤모델 소개: 존경할 만한 운동선수나 멘토의 이야기 공유하기

실용적인 동기부여 전략

일상에서 활용할 수 있는 구체적인 동기부여 전략은 다음과 같습니다:

<u>1. 목표 설정 및 시각화</u>
- 단기, 중기, 장기 목표를 함께 설정하기
- 목표 달성표를 만들어 진행 상황 시각화하기
- 목표 사진이나 문구를 눈에 잘 띄는 곳에 붙여두기
- 목표 달성 시 작은 축하 행사나 보상 계획하기
- 정기적으로 목표를 검토하고 필요시 조정하기

<u>2. 성취 기록하기</u>
- 운동 일지나 앱을 활용해 진행 상황 기록하기

- 기술 발전을 영상으로 기록하여 변화 확인하기
- 체력 측정 결과를 그래프로 시각화하기
- 벨트 승급이나 대회 메달 등 성취 상징물 전시하기
- 정기적으로 과거 기록을 살펴보며 발전 확인하기

3. 사회적 연결 강화
- 같은 또래 운동 친구 만들기 지원
- 가족 전체가 함께 참여하는 운동 세션 갖기
- 운동 관련 지역 커뮤니티 활동 참여하기
- 선배나 코치와의 멘토링 관계 형성 돕기
- 대회나 시범 공연 등 사회적 이벤트 참여 격려하기

4. 일상에 운동 가치 통합하기
- 가정에서 운동 관련 대화 자주 나누기
- 운동 경기나 다큐멘터리 함께 시청하기
- 운동에서 배운 가치(인내, 존중 등)를 일상에 적용하는 방법 토론하기
- 운동과 학업의 연관성 자주 언급하기
- 운동 철학을 담은 글이나 명언 공유하기

연령대별 동기부여 전략

아이의 연령에 따라 효과적인 동기부여 방식도 달라집니다:

초등학생 저학년 (1-3학년)
- 게임과 놀이 형태의 재미있는 운동 경험 제공하기

- 다양한 활동을 통한 흥미 유지하기
- 즉각적인 긍정적 피드백과 칭찬 자주 해주기
- 좋아하는 캐릭터나 이야기와 운동 연결하기
- 부모님이 함께 참여하여 모범 보이기

초등학생 고학년 (4-6학년)
- 친구들과의 사회적 연결을 활용한 동기부여
- 구체적인 기술 발전에 초점 맞추기
- 작은 도전 과제와 목표 설정하기
- 운동 영웅이나 롤모델 소개하기
- 자율성과 선택권 점진적으로 늘려주기

중학생
- 또래 집단의 긍정적 영향력 활용하기
- 더 장기적인 목표 설정과 계획 세우기
- 개인적 관심사와 운동 연결하기 (예: 과학, 기술)
- 운동을 통한 자아 정체성 형성 도와주기
- 대회나 시험 등 도전 기회 제공하기

고등학생
- 운동이 대학 진학과 미래 커리어에 주는 혜택 강조하기
- 리더십 기회 제공하기 (어린 학생 가르치기 등)
- 스트레스 관리와 정신 건강 측면에서 운동의 가치 강조하기
- 자기 주도적 훈련 프로그램 개발 지원하기

- 전문적 수준의 목표와 비전 함께 설정하기

손흥민 선수는 어린 시절부터 아버지의 지도 아래 꾸준한 훈련을 통해 세계적인 축구 선수가 되었습니다. 그의 아버지 손웅정 씨는 "기술보다 중요한 것은 끈기와 열정"이라며 "매일 반복되는 기본기 훈련이 아들을 프리미어리그 스타로 만들었다"고 말했습니다. 이처럼 지속적인 운동 참여는 아이의 성장에 큰 기여를 합니다.

이런 동기부여 전략을 통해, 아이는 운동을 단순한 의무가 아닌 자신의 성장과 발전을 위한 중요한 활동으로 인식하게 될 것입니다.

시험 기간과 운동: 균형 잡기

시험 기간은 학부모님들이 특히 많이 고민하는 시기입니다. "시험을 앞두고 있는데, 운동을 쉬어야 할까요?" 이런 질문을 자주 받습니다.

결론부터 말씀드리자면, 시험 기간에도 적절한 운동은 계속하는 것이 좋습니다. 하루에 한 시간 정도 운동한다고 해서 시험 성적에 부정적인 영향을 미치지는 않습니다. 오히려 운동은 집중력 향상과 스트레스 해소에 도움이 되어, 학업 성취에 긍정적인 영향을 미칠 수 있습니다.

세계적인 테니스 선수 로저 페더러는 "운동은 내 정신을 맑게 해주고, 압박감 속에서도 집중력을 유지하는 데 도움을 준다"고 말했습니다. 그는 어린 시절부터 학업과 테니스를 병행하면서, 오히려 운동이 학업 성취에 도움이 된다는 것을 경험했습니다.

다만, 시험 기간에는 운동의 강도와 시간을 조절하는 것이 현명합니다. 몇 가지 구체적인 조언을 드리겠습니다:

시험 기간 운동 전략

시험 기간의 효과적인 운동 전략은 다음과 같습니다:

1. 시험 4주 전 - 일반 루틴 유지 단계

- 평소 운동 루틴을 그대로 유지하되, 컨디션 관리에 더 신경 쓰기
- 수면과 영양 섭취에 특별한 주의 기울이기
- 운동과 학습 사이의 회복 시간 충분히 확보하기

2. 시험 2주 전 - 조절 단계

- 운동 시간을 약간 줄이기 (회당 60-90분으로 조정)
- 고강도 운동보다는 중강도 운동 위주로 진행
- 운동 직후 효율적인 학습을 위한 휴식 시간 확실히 확보하기
- 기분 전환과 스트레스 해소에 중점 두기

3. 시험 1주일 전 - 유지 단계

- 주 2회, 회당 45-60분 정도의 가벼운 운동으로 유지
- 새로운 기술 습득보다는 익숙한 동작 위주로 훈련

- 운동을 통한 스트레스 해소와 정신 리프레시에 중점 두기
- 격렬한 스파링이나 부상 위험이 있는 활동은 자제하기

4. 시험 직전 (1-2일 전)
- 가벼운 스트레칭이나 조깅 등 가벼운 활동으로 대체
- 긴장 완화를 위한 명상이나 호흡 운동 활용하기
- 충분한 수면 확보하는 데 중점 두기

5. 시험 당일
- 아침에 5-10분 간단한 스트레칭으로 몸과 마음 깨우기
- 시험 사이 짧은 휴식 시간에 간단한 움직임으로 혈액순환 돕기
- 심호흡과 간단한 목, 어깨 스트레칭으로 긴장 풀기

시험 기간 스트레스 관리 전략

시험 스트레스는 학습 효율을 떨어뜨리는 주요 요인입니다. 적절한 운동은 이런 스트레스를 효과적으로 관리하는 데 도움이 됩니다:

- 호흡 운동: 4-7-8 호흡법 (4초 들이마시고, 7초 유지, 8초 내쉬기)
- 점진적 근육 이완법: 특정 근육군을 긴장시켰다 이완시키는 연습
- 명상과 마음챙김: 짧게라도 매일 명상 시간 갖기
- 자연 속 걷기: 숲이나 공원에서 15-20분 걷기
- 스트레칭 루틴: 책상에서 오래 앉아있은 후 전신 스트레칭으로 혈액 순환 돕기

학부모님들은 시험 기간에 아이의 스트레스 신호에 더욱 민감하게 반응하고, 적절한 지원을 제공하는 것이 중요합니다. 때로는 계획된 공부 시간보다 짧은 운동이나 휴식이 더 효과적일 수 있음을 기억하세요.

한국의 수학 영재로 알려진 서민준은 KAIST 재학 중에도 주 3회 이상 체육관에서 훈련을 계속했습니다. 그는 "운동을 통해 학업 스트레스를 해소하고, 더 효율적으로 공부할 수 있었다"고 밝혔습니다. 이처럼 시험 기간에도 적절한 운동은 학업에 도움이 될 수 있습니다.

부모의 역할: 운동 효과 극대화를 위한 지원 방법

아이의 운동 경험이 얼마나 가치 있고 효과적인지는 부모의 태도와 지원에 크게 영향을 받습니다. 부모님이 운동의 가치를 인정하고 적극적으로 지원할 때, 아이는 운동을 통해 최대한의 혜택을 얻을 수 있습니다.

구체적인 지원 방법

<u>1. 심리적 지원</u>
- "운동은 힘들다, 그러나 중요하다"라는 사실을 받아들이고 아이에게도 이를 인식시켜주세요.
- 아이가 어려움을 겪을 때 공감하되, 쉽게 포기하지 않도록 격려해주

세요.
- 작은 성취와 노력을 알아보고 구체적으로 칭찬해주세요.
- 아이의 고유한 운동 속도와 발전 과정을 존중하고, 다른 아이들과 비교하지 마세요.
- 실패와 도전을 두려워하지 않는 가정 분위기를 조성하세요.

2. 물리적 지원
- 적절한 운동복과 장비를 제공하세요.
- 운동 일정에 맞춰 식사와 간식을 준비해주세요.
- 체육관까지의 이동을 지원하고, 시간을 지킬 수 있도록 도와주세요.
- 홈 트레이닝을 위한 안전한 공간을 마련해주세요.
- 충분한 수분 섭취와 영양 균형에 신경 써주세요.

3. 시간적 지원
- 아이의 운동 시간을 우선순위에 두고 다른 일정을 조정해주세요.
- 가족 일정을 계획할 때 운동 일정을 먼저 고려하세요.
- 대회나 특별 행사에 참여할 시간을 확보해주세요.
- 운동과 학업 사이의 전환 시간을 충분히 제공하세요.
- 온 가족이 함께하는 운동 시간을 정기적으로 마련하세요.

4. 교육적 지원
- 운동의 가치와 혜택에 대해 자주 대화하세요.
- 운동 관련 도서, 영상, 다큐멘터리를 함께 보며 지식을 넓혀주세요.
- 운동과 학업의 연결점을 찾아 통합적 사고를 발달시켜주세요.

- 체육 과학, 영양학, 심리학 등 관련 분야에 대한 호기심을 키워주세요.
- 다양한 스포츠 경험을 제공하고, 폭넓은 운동 문화를 접하게 해주세요.

참여형 부모 되기

아이의 운동 생활에 적극적으로 참여하는 것이 가장 효과적인 지원 방법입니다:

- 가능하다면 직접 운동에 참여하여 롤모델이 되어주세요.
- 아이의 훈련이나 대회를 관람하고 진심으로 응원해주세요.
- 코치나 지도자와 정기적으로 소통하며 아이의 발전 상황을 파악하세요.
- 아이의 운동 이야기에 귀 기울이고 질문하며 관심을 보여주세요.
- 운동 관련 가족 전통을 만들어보세요 (특별한 대회 후 저녁 식사 등)

균형 있는 기대치 설정하기

부모님의 기대치가 아이에게 부담이 되지 않도록 주의하세요:

- 결과보다 과정과 노력에 중점을 두세요.
- 아이의 현재 수준과 발달 단계에 맞는 현실적인 기대치를 설정하세요.
- 아이 자신의 목표와 부모님의 기대 사이의 균형을 찾으세요.
- 승패보다 인성과 태도 발달에 더 가치를 두세요.
- 아이의 자율성을 존중하며 압박보다는 지원에 초점을 맞추세요.

알리바바의 창업자 마윈은 자신의 아들 교육에 대해 "학업만큼 신체 활동과 예술 교육을 중요시했다"고 말했습니다. 그는 "기업가로서 성공하기 위해 필요한 것은 책에서 배우는 지식보다 용기, 인내, 협동심과 같은 자질"이라고 강조했는데, 이러한 자질은 바로 운동을 통해 발달한다고 설명했습니다.

이런 지원과 격려를 통해, 부모님은 아이가 운동을 통해 얻을 수 있는 모든 혜택을 최대한 누릴 수 있도록 도울 수 있습니다.

성공적인 병행 사례: 실제 이야기

운동과 학업을 성공적으로 병행한 아이들의 실제 사례를 통해, 두 마리 토끼를 모두 잡는 것이 가능하다는 것을 보여드리고 싶습니다.

민서의 이야기: 주짓수와 학업 병행

민서(가명)는 초등학교 2학년 때부터 주짓수를 시작했습니다. 부모님은 처음에 학업에 방해가 될까 걱정했지만, 균형 있는 성장을 위해 주 3회 주짓수 훈련을 시작하기로 결정했습니다.

민서의 부모님은 학원과 주짓수 일정을 조율하여 주간 시간표를 만들었습니다. 특히 학원 수업 직후에 주짓수 훈련을 배치하여, 오랜 시간 앉아 있던 민서가 신체 활동을 통해 머리를 식히고 스트레스를 해소할 수 있도록 했습니다.

시간표는 냉장고에 붙여두고, 온 가족이 함께 확인하며 지켰습니다. 또한 민서의 부모님은 그가 주짓수 훈련하는 동안, 함께 체육관에 와서 책을 읽거나 자신들의 운동을 하며 시간을 보냈습니다.

시험 기간에도 민서는 주짓수를 계속했습니다. 다만, 훈련 강도를 조금 낮추고, 훈련 시간을 약간 줄였습니다. 그리고 훈련 후에는 충분한 휴식 시간을 가진 후 공부를 시작했습니다.

민서의 어머니는 이렇게 말씀하셨습니다.

"처음에는 학업에 방해가 될까 걱정했어요. 하지만 오히려 주짓수가 민서의 집중력과 자기 관리 능력을 향상시키는 것을 보았습니다. 성적도 떨어지지 않고, 오히려 더 좋아졌어요. 무엇보다 민서가 더 행복해 보이고, 자신감 있게 성장하는 모습이 가장 큰 성과라고 생각합니다."

현재 중학생이 된 민서는 여전히 주짓수를 계속하고 있으며, 학교에서도 우수한 성적을 유지하고 있습니다. 그는 이렇게 말합니다:

"주짓수와 공부, 둘 다 제 인생에서 중요해요. 주짓수를 통해 체력도 기르고, 정신력도 기르고, 그게 공부할 때도 큰 도움이 돼요. 특히 시험 기간에 스트레스 받을 때, 주짓수 훈련은 정말 큰 도움이 됩니다."

민석이의 이야기: 고등학생의 균형 잡기

민석이(가명)는 고등학교 2학년 학생으로, 어릴 때부터 주짓수를 해왔습니다. 고등학생이 되면서 학업 부담이 커졌지만, 그는 주짓수를 포기하지 않고 효과적인 시간 관리를 통해 두 가지를 모두 잘 해내고 있습니다.

민석이의 전략은 철저한 시간 계획과 효율적인 학습 방법에 있습니다. 그는 주 3회(월, 수, 금) 주짓수 훈련을 고정해두고, 나머지 시간을 학업에 집중합니다. 특히 그는 '뽀모도로 기법'을 활용해 집중력을 극대화하고, 공부 시간의 효율을 높입니다.

민석이의 부모님은 처음에는 입시를 앞둔 아들이 운동에 시간을 쓰는 것을 걱정했습니다. 하지만 민석이가 운동을 통해 스트레스를 해소하고 더 효율적으로 공부하는 모습을 보며 생각을 바꾸게 되었습니다.

민석이의 어머니는 이렇게 말합니다:

"주짓수가 민석이의 자기 관리 능력을 크게 향상시켰어요. 시간을 효율적으로 사용하는 법을 배웠고, 힘든 상황에서도 포기하지 않는 끈기를 갖게 되었습니다. 운동을 통해 배운 이런 특성들이 학업에도 그대로 적용된거 같아요."

민석이 자신도 운동이 학업에 도움이 된다고 확신합니다: "주짓수를 하지 않았다면 지금보다 공부를 더 잘했을까요? 저는 그렇지 않다고 생각해요. 오히려 운동이 없었다면 스트레스로 집중력이 떨어지고, 효율이 낮아졌을 거예요. 주짓수를 통해 배운 집중력, 인내심, 목표 설정 능력이 제 공부 방식에 큰 영향을 미쳤습니다."

민석이는 대학 입시를 앞두고 있지만, 대학에 진학한 후에도 주짓수를 계속할 계획입니다. 그는 운동이 단순한 취미가 아닌, 삶의 중요한 부분이 되었다고 말합니다.

운동과 학업의 시너지: 장기적 시각으로 바라보기

운동과 학업을 병행하는 것은 단기적으로는 도전적일 수 있습니다. 하지만 장기적인 관점에서 볼 때, 이는 아이의 전인적 성장과 발달을 위한 최선의 선택입니다.

운동과 학업의 진정한 시너지 효과는 시간이 지남에 따라 더욱 분명하게 나타납니다. 운동을 통해 길러진 체력, 인내심, 목표 설정 능력, 자기 관리 능력 등은 학업에서의 성취에도 긍정적인 영향을 미칩니다. 또한 운동을 통해 스트레스를 건강하게 해소하고, 정신적 균형을 유지하는 것은 학업 효율성을 높이는 데도 큰 도움이 됩니다.

특히 주짓수와 같은 운동은 아이에게 '성장 마인드셋'을 길러줍니다. 즉, 능력이 고정된 것이 아니라 노력을 통해 발전할 수 있다는 믿음을 키워주는 것입니다. 이러한 마인드셋은 학업에서도 큰 자산이 됩니다. 어려운 과목이나 문제에 직면했을 때, "나는 이것을 할 수 없어"라고 생각하는 대신 "아직은 어렵지만, 계속 노력하면 발전할 수 있어"라고 생각하게 됩니다.

한국 최초의 IOC 위원이자 삼성전자 회장이었던 이건희 회장은 생전에 "스포츠는 단순한 신체 활동이 아니라 인생의 학교"라고 자주 언급했습니다. 그가 젊은 시절 승마와 수영을 통해 배운 도전정신과 인내심은 그의 경영 철학에도 큰 영향을 미쳤다고 알려져 있습니다. 이처럼 운동에서 배운 가치와 원칙은 학업과 인생의 모든 영역에 적용됩니다.

장기적으로 볼 때, 운동과 학업 모두에서 균형 있게 성장한 아이들은 더 건강하고, 행복하며, 성공적인 삶을 살 가능성이 높습니다. 그들은 신체적으로 건강할 뿐만 아니라, 정신적으로도 강인하고, 사회적으로도 더 잘 적응하는 경향이 있습니다.

세계적인 심리학자 앤젤라 더크워스는 그녀의 저서 『그릿Grit』에서 성공의 열쇠는 재능보다 '그릿(투지)'이라고 주장합니다. 그리고 이 그릿은 바로 운동과 같은 꾸준한 도전과 극복의 과정을 통해 발달한다고 설명합니다. 운동을 통해 길러진 그릿은 학업에서도, 그리고 이후의 인생에서도 큰 자산이 됩니다.

따라서 운동과 학업의 균형을 맞추기 위한 현재의 노력은, 아이의 미래를 위한 소중한 투자라고 할 수 있습니다. 단기적인 어려움이나 도전에 너무 얽매이지 말고, 장기적인 관점에서 아이의 균형 잡힌 성장을 도와주세요.

균형 있는 성장의 여정

운동과 학업을 병행하는 것은 쉽지 않은 도전일 수 있지만, 적절한 시간 관리와 부모의 지원, 그리고 아이 자신의 동기부여가 있다면 충분히 가능합니다. 이는 단순히 두 가지 활동을 함께 하는 것을 넘어, 균형 잡힌 삶의 방식을 배우고 실천하는 과정입니다.

아이들이 운동과 학업을 모두 소중히 여기며 성장할 때, 그들은 신체적 건강뿐만 아니라 정신적 회복 탄력성, 시간 관리 능력, 목표 달성을 위한 끈기와 같은 삶의 중요한 기술들도 함께 발달시킵니다. 이러한 기술들은 학창 시절을 넘어 성인이 된 이후의 삶에서도 계속해서 가치를 발휘할 것입니다.

부모로서 우리의 역할은 아이들에게 이러한 균형 잡힌 성장의 기회를 제공하고, 그 과정에서 적절한 지원과 격려를 아끼지 않는 것입니다. 아이들이 운동과 학업 사이에서 균형을 찾아가는 여정을 함께 하며, 그들이 진정으로 건강하고 행복한 성인으로 성장할 수 있도록 돕는 것이 우리의 궁극적인 목표일 것입니다.

운동과 학업, 두 마리 토끼를 모두 잡는 것은 결코 쉽지 않은 도전이지만, 그 과정과 결과는 분명 우리 아이들의 미래에 값진 투자가 될 것입니다.

핵심 포인트

1. **시간 관리:** 주 3회는 반드시 운동할 수 있도록 시간표를 구성하고, 이를 학업 일정과 통합적으로 계획하는 것이 중요합니다.

2. **연령별 전략:** 아이의 연령에 맞는 시간 관리 전략을 적용하여 발달 단계에 적합한 균형을 찾습니다.

3. **지속적 참여:** 내적 동기부여와 실용적인 전략을 활용하여 아이가 꾸준히 운동에 참여할 수 있도록 지원해야 합니다.

4. **시험 기간 관리:** 시험 기간에도 적절한 강도와 시간의 운동은 계속하는 것이 집중력과 학업 성취에 도움이 됩니다.

5. **방학 활용:** 방학 기간은 운동 기술을 향상시키고 체력을 키우는 좋은 기회로 활용합니다.

6. **부모의 역할:** 아이의 운동을 중요시하고 적극적으로 지원하는 부모의 태도가 아이의 운동 경험 효과를 극대화합니다.

7. **장기적 관점:** 운동과 학업은 대립되는 활동이 아니라 서로 시너지를 내어 전체적인 성장과 발달을 돕습니다.

8. **성공 사례:** 실제 사례를 통해 볼 때, 효과적인 전략과 지원이 있다면 운동과 학업의 성공적인 병행이 가능합니다.

9. **균형 있는 성장:** 최종 목표는 신체적으로 건강하고, 정신적으로 강인하며, 지적으로 성숙한 균형 잡힌 인재로의 성장입니다.

10. **미래를 위한 투자:** 운동과 학업의 균형 잡힌 병행은 아이의 미래를 위한 가장 가치 있는 투자입니다.

7장

운동을 평생의 습관으로 만드는 법

평생의 습관: 인식의 중요성

운동을 일시적인 활동이 아닌 평생의 습관으로 만드는 핵심 요소는 무엇일까요? 제 10년간의 체육관 운영 경험을 통해 내린 결론은 바로 '인식'에 있다는 것입니다. 특히 어린 시절 형성된 부모님의 인식이 아이의 평생 운동 습관 형성에 결정적인 역할을 합니다.

우리는 모두 어린 시절의 습관과 환경이 미래에 큰 영향을 미친다는 사실을 알고 있습니다. 이는 운동 습관에도 똑같이 적용됩니다. 부모님이 운동을 얼마나 중요하게 생각하고, 시간적 여유가 있을 때만 하는 선택적 활동이 아닌 필수적으로 해야 하는 것으로 인식하고 교육한다면, 아이는 성인이 되어서도 꾸준히 운동을 지속할 가능성이 높아집니다.

이러한 인식의 형성은 단순한 말로만 이루어지지 않습니다. 부모님의 행동, 가정 내 분위기, 그리고 일상에서 운동에 부여하는 가치를 통해 자연스럽게 이루어집니다. 운동 시간을 학업만큼 중요하게 여기고, 다른 활동을 위해 쉽게 포기하지 않으며, 운동의 가치에 대해 자주 이야기하는 가정에서 자란 아이들은 운동을 삶의 필수적인 부분으로 인식하게 됩니다.

러시아의 테니스 스타 마리아 샤라포바의 사례는 이러한 인식의 중요성을 잘 보여줍니다. 그녀의 아버지는 딸이 테니스 선수가 되기를 원했고, 어릴 때부터 테니스를 단순한 취미가 아닌 삶의 중요한 부분으로 인식하도록 교육했습니다. 매일 아침 일찍 일어나 훈련하는 것, 힘든 상황에서도 포기하지 않는 것이 그녀의 삶에 자연스럽게 통합되었고, 이는 그녀가 세계 최고의 테니스 선수가 되는 토대가 되었습니다.

운동을 평생의 습관으로 만들기 위해서는 단순히 아이에게 운동을 시키는 것 이상의 전략이 필요합니다. 제가 10년 동안의 체육관 운영 경험을 통해 발견한 평생 운동 습관 형성의 핵심 요소 네 가지를 소개하겠습니다.

1. 인식의 전환

운동을 '선택적 활동'이 아닌 '필수적 활동'으로 인식하는 것이 중요합니다. 많은 가정에서 운동은 시간이 남거나 여유가 있을 때만 하는 활동으로 간주됩니다. 학업이 바빠지거나 다른 활동이 생기면 가장 먼저 포기하는 것이 운동인 경우가 많습니다. 하지만 운동을 식사나 수면처럼 건강한 삶을 위한 필수적인 요소로 인식하면, 아이들도 자연스럽게 이러한 가치관을 내면화하게 됩니다.

인식의 전환은 하루아침에 이루어지지 않습니다. 이는 일상적인 대화, 가족의 우선순위 설정, 그리고 무엇보다 부모님의 일관된 태도를 통해 서서히 형성됩니다. 운동 시간을 "할 시간이 있으면 좋겠지만, 정 안 되면 빠져도 돼"라고 말하는 대신, "오늘은 수학 숙제하고, 영어 학원 가고, 그리고 주짓수 훈련 가는 날이야"라고 말함으로써 운동이 다른 중요한 활동들과 동등한 위치에 있음을 강조할 수 있습니다.

2. 일상에의 통합

운동이 일상생활의 자연스러운 일부가 되도록 하는 것이 중요합니다. 이는 고정된 운동 시간을 설정하고, 이를 가족의 일상 루틴에 통합시키는 것을 의미합니다. 주짓수로 예를 들자면, 매주 월요일, 수요일, 금요일 저녁은 주짓수 훈련 시간으로 정해두고, 다른 활동들을 이 시간을 중심으로 계획하는 것입니다. 시간이 날 때만 운동하는 것이 아니라, 운동 시간을 중심으로 하루 일정을 계획하는 습관을 형성하는 것이 핵심입니다.

일상에의 통합이 효과적으로 이루어지면, 아이들은 운동을 특별한 이벤트나 추가적인 부담으로 느끼는 대신, 자연스러운 일과로 받아들이게 됩니다. 마치 아침에 일어나 양치질을 하고, 저녁에 숙제를 하는 것처럼, 특정 요일에 주짓수 훈련을 가는 것도 당연한 일상이 되는 것입니다.

이런 일상화를 위해 가정 내에서 할 수 있는 활동도 중요합니다. 아침 스트레칭을 가족 모두가 함께 하거나, 저녁 식사 후 짧은 산책을 습관화하는 것도 좋은 방법입니다. 이런 작은 활동들이 모여 운동이 일상에 자연스럽게 녹아드는 환경을 만들어 갑니다.

3. 가족의 참여와 지원

아이 혼자만 운동하는 것보다, 가족 전체가 운동의 가치를 인정하고 함께 참여할 때 그 효과가 극대화됩니다. 부모님이 직접 운동에 참여하거나, 아이의 운동 활동에 관심을 보이고 지원하는 것은 아이에게 강력한 메시지를 전달합니다. "운동은 우리 가족 모두에게 중요하다"라는 메시지가 아이에게 전해질 때, 운동은 단순한 활동을 넘어 가족 정체성의 일부가 됩니다.

가족의 참여는 여러 형태로 이루어질 수 있습니다. 부모가 아이와 같은 종목을 배우는 것이 가장 이상적이지만, 항상 가능한 것은 아닙니다. 그런 경우에도 아이의 훈련이나 경기를 정기적으로 관람하고, 발전 과정에 관심을 보이며, 운동을 통해 배우는 가치들에 대해 대화를 나누는 것만으로도 큰 지원이 됩니다.

또한 가족 단위의 운동 활동을 계획하는 것도 좋은 방법입니다. 주말 하이킹, 자전거 타기, 수영과 같은 활동을 통해 운동의 즐거움을 함께 경험하고, 건강한 라이프스타일이 가족 문화의 일부임을 자연스럽게 보여줄 수 있습니다.

4. 긍정적 경험의 축적

아이가 운동을 통해 성취감, 즐거움, 성장을 경험할 수 있도록 돕는 것이 중요합니다. 아이가 새로운 기술을 습득하거나 도전을 극복할 때마다 이를 인정하고 축하해주세요. 또한 운동이 단순히 '해야 하는 일'이 아니라 즐겁고 보람찬 경험이 되도록 해주세요. 긍정적인 경험이 쌓일수록, 아이는 운동을 자발적으로 추구하게 됩니다.

긍정적 경험을 만들기 위해서는 아이의 개인적 성장과 발전에 초점을 맞추는 것이 중요합니다. 항상 다른 아이들과 비교하거나, 승리나 메달 획득에만 가치를 두기보다는, 자신의 이전 수준보다 얼마나 향상되었는지, 어떤 새로운 기술을 배웠는지, 어려운 상황에서 어떻게 대처했는지 등에 주목하고 격려해 주세요.

또한 단순히 기술적 측면뿐만 아니라, 운동을 통해 형성되는 우정, 소속감, 팀워크 등의 사회적 경험도 중요한 긍정적 요소입니다. 아이가 운동 커뮤니티 내에서 건강한 관계를 형성하고, 서로 돕고 배우는 경험을 할 수 있도록 장려해 주세요.

핵심 요약

- 운동을 필수적 활동으로 인식하는 마인드셋 형성이 중요합니다.
- 운동을 일상 생활의 자연스러운 일부로 통합시키세요.
- 가족 전체가 운동의 가치를 인정하고 참여하면 효과가 극대화됩니다.
- 긍정적인 운동 경험이 쌓일수록 지속적인 습관이 형성됩니다.

이러한 네 가지 요소가 조화롭게 작용할 때, 운동은 아이의 일시적인 활동이 아닌 평생의 습관이 될 수 있습니다. 어릴 때부터 이런 환경에서 자란 아이들은 성인이 되어서도 자연스럽게 운동을 삶의 중요한 부분으로 유지하게 됩니다. 그리고 이것이 바로 부모로서 자녀에게 줄 수 있는 가장 소중한 선물 중 하나입니다.

연령대별 운동 습관 형성의 심리학적 이해

아이의 나이에 따라 운동 습관을 형성하는 접근법도 달라져야 합니다. 발달 심리학에 따르면, 각 연령대는 서로 다른 특성과 동기 부여 요소를 가지고 있기 때문입니다. 올바른 접근법으로 각 발달 단계에 맞는 운동 습관을 길러주는 것이 중요합니다.

유아기(3-6세)

이 시기 아이들은 놀이를 통해 세상을 배웁니다. 운동은 반드시 '재미'라는 요소가 중심이 되어야 합니다. 경쟁보다는 탐험과 상상력을 자극하는 신체 활동이 효과적입니다.

<u>주짓수 적용 예시:</u>

유아기 아이들에게는 '동물 흉내 내기'처럼 재미있는 활동으로 주짓수를 소개할 수 있습니다. 악어처럼 기어가기, 원숭이처럼 매달리기 등 동물의 움직임을 모방하는 게임을 통해 자연스럽게 주짓수의 기본 동작을 익힐 수 있습니다.

이 시기의 아이들은 집중 시간이 짧기 때문에, 15-20분 정도의 짧은 활동을 여러 번 번갈아가며 진행하는 것이 효과적입니다. 또한 성공 경험을 자주 제공하여 자신감을 키우고, 부모나 형제자매가 함께 참여하면 더욱 즐겁게 활동할 수 있습니다.

유아기 아이들에게는 규칙이나 기술보다 운동에 대한 긍정적인 감정과 태도를 형성하는 것이 더 중요합니다. 이 시기에 형성된 운동에 대한 좋은 인상은 앞으로의 모든 신체 활동의 기반이 됩니다.

초등학교 저학년(7-9세)

이 시기에는 기본적인 운동 기술을 발달시키고 다양한 활동을 경험하는 것이 중요합니다. 아이들은 자신의 능력 향상에 큰 기쁨을 느끼기 시작합니다. 긍정적인 피드백과 작은 성취에 대한 칭찬이 강력한 동기부여가 됩니다.

주짓수 적용 예시:

이 나이대의 아이들에게는 기본 기술을 배우고 숙달하는 과정에서 구체적인 칭찬과 격려가 중요합니다. "오늘 가드 패스를 정말 잘 했어!", "지난주보다 균형 잡는 능력이 많이 향상됐구나!" 같은 구체적인 피드백이 효과적입니다.

이 시기의 아이들은 규칙을 이해하고 따르는 능력이 발달하기 시작하므로, 기본적인 기술과 간단한 규칙을 체계적으로 가르칠 수 있습니다. 하지만 여전히 경쟁보다는 개인적 성장과 기술 발달에 초점을 맞추는 것이 중요합니다.

또한 이 시기는 다양한 운동 경험을 통해 아이가 자신의 흥미와 재능을 발견할 수 있는 탐색기입니다. 여러 종류의 신체 활동을 경험할 수 있는 기회를 제공하고, 아이가 어떤 활동에 특별한 흥미를 보이는지 관찰해 보세요.

초등학교 고학년(10-12세)

이 시기는 또래 집단의 영향력이 커지고, 사회적 비교가 시작됩니다. 경쟁적 요소가 일부 아이들에게는 동기부여가 될 수 있지만, 과도한 경쟁은 오히려 운동에 대한 흥미를 떨어뜨릴 수 있습니다.

주짓수 적용 예시:

이 나이대에서는 짝을 지어 하는 드릴이나 그룹 활동을 통해 협력과 건전한 경쟁을 경험하게 할 수 있습니다. 기술 교환 시간을 마련하여 각자 잘하는 기술을 친구들에게 가르쳐주는 활동도 효과적입니다.

이 시기에는 운동 기술이 빠르게 발달하며, 더 복잡한 기술과 전략을 배울 준비가 되어 있습니다. 하지만 아이마다 발달 속도가 다르므로, 개인적인 발전 속도를 존중하는 것이 중요합니다.

또한 이 시기는 자존감 형성에 중요한 시기입니다. 운동 능력이 또래 사이에서 사회적 지위에 영향을 미칠 수 있으므로, 모든 아이가 자신의 수준에서 성공 경험을 할 수 있도록 배려하는 환경을 조성하는 것이 중요합니다.

청소년기(13-18세)

정체성 형성의 중요한 시기로, 운동이 자아개념의 일부가 되도록 돕는 것이 중요합니다. "나는 주짓수 하는 사람이다"라는 정체성이 형성되면, 이는 평생 동안 지속될 수 있는 강력한 동기가 됩니다.

주짓수 적용 예시:

청소년들에게는 더 깊은 기술적 이해와 철학적 측면을 가르치는 것이 효과적입니다. 대회 참가, 시범 공연 기회, 주니어 코치 역할 부여 등을 통해 주짓수가 정체성의 일부가 되도록 도울 수 있습니다.

이 시기에는 신체적 변화와 함께 정서적, 사회적 변화도 크게 일어납니다. 운동은 이런 변화의 시기에 안정감과 자신감을 제공할 수 있습니다. 특히 주짓수와 같은 종목은 자기 방어 능력을 키우고, 신체에 대한 인식과 조절 능력을 향상시켜 청소년기의 불안정함을 극복하는 데 도움이 됩니다.

또한, 이 시기에는 진로와 미래에 대한 고민이 시작됩니다. 운동을 통해 배운 원칙과 가치(예: 인내심, 목표 설정, 팀워크 등)가 학업과 미래 직업 생활에도 적용될 수 있다는 것을 보여주는 것이 중요합니다.

핵심 요약

- 유아기(3-6세): 재미와 놀이를 통한 긍정적 경험 형성에 집중
- 초등학교 저학년(7-9세): 기본 기술 습득과 다양한 경험 제공

- 초등학교 고학년(10-12세): 협력과 건전한 경쟁 경험, 자존감 형성 지원
- 청소년기(13-18세): 정체성 형성과 미래 연계, 깊이 있는 기술적·철학적 이해 발달

이러한 연령대별 특성을 이해하고 적절히 접근한다면, 아이들은 각 발달 단계에 맞는 최적의 동기부여를 받아 운동 습관을 형성할 가능성이 높아집니다.

가족의 영향력: 환경이 만드는 차이

"환경이 사람을 만든다"라는 말이 있습니다. 특히 가장 가까운 환경인 가족의 영향력은 아이의 습관 형성에 지대한 영향을 미칩니다. "친구 따라 강남 간다"라는 속담처럼, 운동을 시작하는 계기는 종종 친구의 영향이나 일시적인 호기심에서 비롯되기도 합니다. 하지만 이것이 지속적인 습관으로 이어지기 위해서는 본인의 의지와 함께 가족, 특히 부모의 지원과 격려가 필수적입니다.

어린 아이들, 심지어 고등학생까지도 가장 많은 시간을 함께 보내고 가장 큰 영향을 받는 대상은 부모입니다. 부모의 조언과 행동이 아이들에게 미치는 영향은 말로 표현할 수 없을 만큼 큽니다. 이는 운동 습관 형성에 있어서도 마찬가지입니다.

특히 주목할 점은 어린 시절 운동을 경험했던 학부모님들이 자녀에게도 반드시 운동을 시키려 하는 경향이 있다는 것입니다. 이는 단순한 우연이 아니라, 본인의 경험을 통해 운동의 가치를 깊이 이해하고 있기 때문입니다.

저희 체육관을 찾는 학부모님들 중에는 엘리트 코스로 운동을 했던 분들이 많습니다. 전국대회에 출전했던 유도 선수, 대학 농구팀에서 활약했던 선수, 심지어 국가대표로 활동했던 분들까지 다양합니다. 이런 학부모님들이 한결같이 하시는 말씀이 있습니다: "운동 경험이 제 삶을 살아가는 데 큰 도움이 되었습니다. 그래서 제 아이도 운동을 통해 제가 얻은 것들을 경험했으면 합니다."

이들은 운동을 통해 얻은 인내심, 목표 설정 능력, 실패를 극복하는 회복탄력성, 팀워크, 그리고 자기 관리 능력이 학창 시절뿐만 아니라 성인이 된 후의 직업 생활과 일상에서도 큰 자산이 되었다고 말합니다. 그렇기에 자신의 자녀에게도 같은 기회를 제공하고 싶어 하는 것입니다.

한국 배드민턴의 전설 이용대 선수는 은퇴 후 청소년들을 위한 배드민턴 아카데미를 열며 자신의 경험을 다음 세대에게 전하는 데 큰 열정을 쏟고 있습니다. 그는 "배드민턴을 통해 얻은 끈기와 정신력이 내 인생을 만들었다"며, "이런 가치들을 아이들에게 전해주는 것이 은퇴 후 가장 보람 있는 일"이라고 말합니다. 특히 자신의 아이들에게도 어릴 때부터 스포츠의 중요성을 강조하며, 운동을 통해 배울 수 있는 인생의 지혜를 전하고 있습니다. 이용대는 "아이들이 운동을 통해 단순한 기술이 아닌 삶을 살아가는 데 필요한 인내와 협동, 도전 정신을 배웠으면 한다"며 부모로서의 신념을 강조합니다.

생각해 보십시오. 만약 부모님께서 운동이 본인의 삶에 긍정적인 영향을 주지 않았다면, 자녀에게도 운동을 시키려 했을까요? 부모는 누구나 좋은 것을 자녀에게 주고 싶어 합니다. 그래서 운동 경험이 있는 부모님들이 자녀도 운동하게 하는 것은, 그것이 얼마나 가치 있는 경험인지를 알기 때문입니다.

정우(가명)의 아버지는 고등학교 시절 레슬링 선수로 활동했었습니다. 그는 이렇게 말합니다:

"레슬링을 통해 배운 인내심과 극한 상황에서도 포기하지 않는 정신력이 제 인생에서 가장 큰 자산입니다. 사업을 하면서 위기가 왔을 때도, 운동을 통해 단련된 정신력으로 버텨낼 수 있었어요. 그래서 제 아들도 어릴 때부터 주짓수를 시키고 있습니다. 주짓수가 아이에게 단순한 기술이 아닌, 삶의 태도와 정신력을 가르쳐 줄 것이라고 믿기 때문입니다."

수민(가명)의 어머니는 대학 시절 수영 선수였습니다. 그녀는 이렇게 말합니다:

"매일 새벽에 일어나 훈련하고, 목표를 향해 꾸준히 노력하는 습관이 제 인생을 만들었어요. 지금 제가 가진 성취의 많은 부분이 운동을 통해 길러진 습관과 태도 덕분이라고 생각합니다. 제 딸에게도 같은 가치를 경험하게 해주고 싶어서 주짓수를 시작하게 했고, 이제는 딸 아이가 스스로 즐기며 성장하고 있어요."

이처럼 부모가 운동의 가치를 깊이 이해하고 있을 때, 아이들은 더 풍부한 지원과 올바른 인식 속에서 운동을 경험할 수 있습니다. 운동이 단순한 취미나 신체 활동이 아닌, 인생의 중요한 자산이 될 수 있다는 인식을 부모로부터 자연스럽게 배우게 되는 것입니다.

최근 스탠포드 대학의 연구(2023)에 따르면, 부모가 규칙적으로 운동하는 가정의 자녀들은 그렇지 않은 가정의 자녀들보다 성인기에 정기적인 운동 습관을 유지할 확률이 63% 더 높은 것으로 나타났습니다. 이는 단순한 유전적 요인이 아닌, 가정 환경과 부모의 모범이 미치는 강력한 영향력을 보여주는 결과입니다.

핵심 요약

- 가족, 특히 부모의 인식과 지원은 아이의 운동 습관 형성에 결정적 영향을 미칩니다.

- 운동 경험이 있는 부모는 그 가치를 이해하기에 자녀에게도 같은 기회를 제공하고자 합니다.

- 운동을 통해 얻은 인내심, 회복탄력성, 자기관리 능력 등은 성인이 된

후에도 큰 자산이 됩니다.
- 부모의 긍정적인 운동 인식과 모범은 아이에게 자연스럽게 전달되어 평생의 습관으로 이어집니다.
- 연구에 따르면 부모가 규칙적으로 운동하는 가정의 자녀는 성인기에도 운동 습관을 유지할 확률이 63% 더 높습니다.

가족 운동 문화 만들기: 실천 전략

가정에서 운동 문화를 형성하는 것은 아이의 평생 운동 습관을 위한 가장 강력한 기반이 됩니다. 다음은 가족 모두가 함께 실천할 수 있는 구체적인 전략들입니다:

함께하는 운동 시간 정하기

주말마다 가족이 함께 하는 운동 시간을 정해 보세요. 등산, 자전거 타기, 수영 등 모든 가족이 즐길 수 있는 활동을 선택하는 것이 좋습니다. 이런 정기적인 활동은 자연스럽게 운동의 중요성을 아이에게 전달합니다.

예를 들어, 매주 토요일 오전은 가족 하이킹의 날, 일요일 오후는 자전거 타기의 날로 정하는 것입니다. 날씨가 안 좋다면 실내 볼링이나 실내 수영장으로 대체하는 등 융통성을 가지되, '가족이 함께 활동적으로 시간을 보내는 것'이라는 기본 원칙은 유지하는 것이 중요합니다.

가정 내 운동 친화적 환경 조성

집 안에도 간단한 운동 도구(요가 매트, 가벼운 덤벨, 탄력 밴드 등)를 비치하고, 가족이 함께 사용하도록 장려하세요. TV 시청 시간 중에도 광고 시간에 간단한 스트레칭이나 운동을 할 수 있습니다.

운동 도구가 눈에 잘 띄는 곳에 있으면 자연스럽게 사용하게 됩니다. 거실 한쪽에 요가 매트를 펴놓거나, 아이의 방에 풀업바를 설치하는 등 '볼 때마다 운동하고 싶어지는' 환경을 조성하세요. 또한 가족 구성원들의 운동 성과나 목표를 기록하는 차트를 냉장고에 붙여두는 것도 좋은 방법입니다.

활동적인 가족 여가 선택하기

휴가나 여가 시간에 영화관이나 실내 활동 대신, 캠핑, 하이킹, 수상 스포츠 등 활동적인 선택을 해보세요. 이런 경험들은 즐거운 기억과 함께 운동의 가치를 자연스럽게 심어줍니다.

주말이나 방학 여행을 계획할 때도 단순히 관광지를 방문하는 것보다, 카약 타기, 서핑, 스키, 등산 등 온 가족이 함께 도전할 수 있는 활동을 포함시키세요. 이러한 경험들은 아이에게 새로운 기술을 배우는 즐거움과 함께, 활동적인 라이프스타일이 가족의 정체성임을 자연스럽게 보여줍니다.

부모가 모범 보이기

아이들은 말보다 행동을 더 많이 배웁니다. 부모가 규칙적으로 운동하는 모습을 보여주는 것만으로도 아이에게 강력한 메시지를 전달할 수 있습니다. 자신의 운동 경험과 그로 인한 긍정적 변화를 아이와 공유하세요.

아이 앞에서 "너무 피곤해서 오늘은 운동 못 가겠다"라고 말하는 대신, "피곤하지만 운동하고 나면 훨씬 기분이 나아질 거야"라고 말하며 실천하는 모습을 보여주세요. 또한 자신의 운동 목표나 도전, 그리고 성취에 대해 아이와 이야기를 나누는 것도 중요합니다. 이를 통해 아이는 운동이 단순한 신체 활동이 아닌, 지속적인 자기 발전의 여정임을 배우게 됩니다.

가족 목표 설정하기

"다음 달까지 모두 함께 5km 걷기 완주하기"와 같은 가족 공동의 운동 목표를 설정해 보세요. 함께 목표를 향해 노력하는 과정은 강한 유대감을 형성하고, 성취감을 공유할 수 있습니다.

이런 목표는 반드시 대단한 것일 필요는 없습니다. "한 달 동안 매일 저녁 10분씩 스트레칭하기", "주말마다 가족 산책 시간 30분 확보하기" 등 작고 현실적인 목표부터 시작해 점진적으로 도전적인 목표로 나아가는 것이 효과적입니다. 목표 달성을 위한 진행 상황을 가족 모두가 볼 수 있는 곳에 기록하고, 달성했을 때는 함께 작은 보상(외식이나 특별한 활동 등)을 즐기세요.

핵심 요약

- 정기적인 가족 운동 시간을 설정하여 일상에 운동을 통합시키세요.
- 가정 내에 운동 친화적 환경을 조성하여 자연스러운 참여를 유도하세요.
- 여가 및 휴가 활동으로 활동적인 선택을 우선시하세요.
- 부모가 먼저 운동하는 모습을 보여주며 모범을 보이세요.
- 가족이 함께 달성할 수 있는 운동 목표를 설정하고 함께 노력하세요.

이러한 가족 문화가 형성되면, 운동은 더 이상 '해야 하는 일'이 아니라 가족의 정체성과 일상의 자연스러운 일부가 됩니다. 이런 환경에서 자란 아이들은 성인이 되어서도 운동을 삶의 필수적인 부분으로 여기게 됩니다.

디지털 시대의 도전: 스크린 타임 vs 운동 시간

현대 사회에서 아이들의 생활 방식은 이전 세대와 크게 달라졌습니다. 특히 디지털 기기의 보급으로 인한 가장 큰 변화 중 하나는 신체 활동 시간의 감소입니다. 스마트폰, 태블릿, 게임 콘솔, TV 등 수많은 화면 앞에서 아이들은 점점 더 많은 시간을 보내고 있습니다.

세계보건기구(WHO)에 따르면, 5-17세 아동 청소년의 81%가

권장 신체 활동량을 충족하지 못하고 있으며, 이는 상당 부분 증가한 스크린 타임과 관련이 있습니다. 이러한 디지털 시대의 도전은 가족이 함께 해결해야 할 중요한 과제입니다.

디지털 기기 사용과 신체 활동 사이에서 균형 찾기

다음은 디지털 세계와 신체 활동 사이에서 건강한 균형을 찾기 위한 실용적인 전략들입니다:

<u>명확한 규칙 설정하기</u>

하루 중 스크린 타임의 총량과 시간대를 명확히 정하고, 이를 일관되게 적용하세요. 예를 들어, "저녁 식사 전 숙제가 끝난 후 30분", "주말 오후 1시간" 등으로 제한할 수 있습니다.

규칙을 정할 때는 아이와 함께 상의하여 합리적인 기준을 설정하는 것이 좋습니다. 일방적인 규칙보다는 아이가 참여하여 결정한 규칙이 더 잘 지켜질 가능성이 높습니다. 또한 규칙을 시각적으로 표시하여(예: 냉장고에 붙여놓기) 모두가 쉽게 참고할 수 있게 하세요.

<u>스크린 타임과 신체 활동의 교환 시스템 만들기</u>

"1시간의 운동은 30분의 게임 시간으로 교환됩니다"와 같은 시스템을 만들어 보세요. 이렇게 하면 아이들은 게임을 하기 위해서라도 운동을 하게 됩니다.

이런 교환 시스템은 단순히 아이의 행동을 통제하는 수단이 아니라, 균형 잡힌 생활 방식을 가르치는 교육적 도구로 접근하는 것이 중요합니다. 시간이 지나면서 아이 스스로 활동적인 시간의 가치를 인식하고, 자발적으로 균형을 찾을 수 있도록 돕는 것이 목표입니다.

활동적인 비디오 게임 활용하기

모든 디지털 경험이 좌식 생활을 의미하는 것은 아닙니다. 댄스 게임, 스포츠 시뮬레이션, 체감형 게임 등은 신체 활동을 촉진할 수 있습니다. 이런 게임들을 활용해 디지털 세계와 신체 활동을 결합해 보세요.

특히 날씨가 안 좋아 외출이 어렵거나, 공간의 제약이 있는 경우 이런 활동적인 비디오 게임은 좋은 대안이 될 수 있습니다. 가족이 함께 댄스 게임이나 가상 스포츠 경기에 참여하는 것은 재미있는 가족 활동이 될 수 있습니다.

디지털 디톡스 시간 만들기

주말 하루나 저녁 시간대 등을 '디지털 디톡스' 시간으로 정하고, 모든 가족이 함께 기기를 멀리하고 야외 활동이나 스포츠를 즐기는 시간을 가져보세요.

예를 들어, "기기 없는 일요일" 또는 "저녁 7시 이후 기기 금지" 등의 규칙을 만들어, 그 시간에는 보드게임, 가족 산책, 요리, 독

서 등 다른 활동을 함께 하는 것입니다. 처음에는
저항이 있을 수 있지만, 시간이 지나면서 이런 디지털 디톡스 시간이 가족의 소중한 전통이 될 수 있습니다.

피트니스 앱과 웨어러블 기기 활용하기
청소년의 경우, 디지털 기술을 운동의 동기부여에 활용할 수 있습니다. 만보계, 운동 추적 앱, 피트니스 챌린지 등을 활용해 흥미를 유발하고 성취감을 줄 수 있습니다.
이런 앱이나 기기는 목표 설정, 진행 상황 추적, 친구나 가족과의 건전한 경쟁 등을 통해 운동을 게임처럼 만들어 줍니다. 아이의 관심사에 맞게 적절한 앱이나 기기를 선택하고, 처음에는 함께 사용하면서 긍정적인 경험을 할 수 있도록 도와주세요.

성공 사례

중학생 민준이는 게임을 너무 좋아해서 부모님이 항상 걱정했습니다. 부모님은 게임 시간과 운동 시간을 연결하는 시스템을 도입했습니다. 주짓수 수업 한 번당 30분의 게임 시간을 얻는 방식이었습니다. 처음에는 게임을 위해 참여하던 민준이가 점차 주짓수 자체의 재미를 발견하게 되었고, 이제는 게임 시간보다 주짓수 연습에 더 많은 관심을 보이고 있습니다.

디지털 시대에 살고 있는 우리 아이들에게, 스크린 타임을 완전히 배제하는 것은 현실적이지 않습니다. 중요한 것은 양질의 디지털 경험과 충분한 신체 활동 사이의 건강한 균형을 찾는 것입니다. 이런 균형 감각이 어릴 때부터 형성된다면, 성인이 되어서도 자연스럽게 유지될 수 있을 것입니다.

핵심 요약

- 명확한 스크린 타임 규칙을 아이와 함께 설정하세요.
- 운동과 스크린 타임을 연결하는 교환 시스템을 고려해보세요.
- 움직임을 유도하는 활동적인 비디오 게임을 활용하세요.
- 가족 모두가 참여하는 '디지털 디톡스' 시간을 정기적으로 가지세요.
- 청소년들에게는 피트니스 앱과 웨어러블 기기로 운동에 대한 흥미를 유발하세요.

어린 시절부터 성인까지: 지속의 힘

어린 시절 시작한 운동이 성인이 되어서도 계속될 때, 그 효과와 가치는 더욱 빛을 발합니다. 이런 지속적인 운동 습관이 가져다주는 혜택은 단순한 신체적 건강을 넘어, 정신적 웰빙, 사회적 관계, 그리고 직업적 성공에까지 영향을 미칩니다.

대한민국 수영의 전설 박태환 선수는 초등학교 때부터 수영을 시작해 평생의 직업으로 발전시켰습니다. 물론 모든 아이가 올림픽

메달리스트가 될 수는 없지만, 어린 시절 형성된 운동 습관은 성인기의 다양한 영역에서 성공을 이끄는 토대가 됩니다. 박태환 선수는 은퇴 후에도 꾸준히 수영을 하며 건강을 유지하고, 어린 선수들을 위한 재단을 설립하여 운동의 가치를 다음 세대에게 전하고 있습니다.

최근 연구들은 어린 시절부터 지속된 운동 습관이 성인기의 다양한 측면에서 얼마나 큰 영향을 미치는지 보여주고 있습니다. 하버드 대학의 한 연구에 따르면, 청소년기에 정기적으로 운동한 사람들은 성인이 되어서도 운동 습관을 유지할 확률이 70% 이상 높았으며, 이는 건강한 생활 방식 전반으로 이어졌습니다.

특히 주짓수와 같은 격투 스포츠는 장기적인 성장 곡선을 가지고 있어, 어린 시절부터 시작해 평생 동안 기술과 지혜를 쌓아갈 수 있는 운동입니다. 많은 주짓수 고단자들은 10년, 20년, 심지어 30년 이상 훈련을 지속하면서 기술적 숙련도뿐만 아니라 정신적 성숙함도 함께 발전시켜 나갑니다.

운동의 지속성이 가져오는 가치는 크게 네 가지 영역으로 나눌 수 있습니다:

1. 신체적 웰빙

어릴 때부터 꾸준히 운동한 사람들은 성인기와 노년기에 만성질환 발병률이 현저히 낮습니다. 특히 주짓수와 같은 전신 운동은 근력, 심폐 지구력, 유연성, 균형감각 등 모든 체력 요소를 골고루 발달시켜, 나이가 들어도 건강한 신체를 유지하는 데 큰 도움이 됩니다.

운동이 주는 신체적 혜택은 단순히 질병 예방을 넘어서, 노화 과정을 늦추고 활력 있는 삶을 더 오래 유지할 수 있게 합니다. 근육량 유지, 뼈 밀도 강화, 관절 건강 개선 등을 통해 노년기의 삶의 질을 크게 향상시킬 수 있습니다.

또한 정기적인 운동은 면역 체계를 강화하여 감염병에 대한 저항력을 높이고, 대사 기능을 최적화하여 에너지 수준과 수면의 질을 개선합니다. 이러한 효과들은 일시적인 것이 아니라, 평생 동안 운동을 지속할 때 누적되고 증폭됩니다.

2. 정신적 회복탄력성

장기간 운동을 지속한 사람들은 스트레스 관리 능력이 뛰어나고, 우울증과 불안장애의 발병률이 낮습니다. 주짓수를 오랫동안 수련한 사람들은 특히 어려움에 직면했을 때 침착하게 대응하고, 문제를 체계적으로 해결하는 능력이 발달합니다. 이는 직장 생활이나 개인적 위기 상황에서 큰 자산이 됩니다.

운동, 특히 주짓수와 같은 격투 스포츠는 실패와 좌절을 자연스럽게 경험하고 극복하는 과정을 포함합니다. 반복적인 도전과 극복 경험은 "성장 마인드셋"을 발달시켜, 어떤 상황에서든 배움과 성장의 기회를 찾는 태도를 형성합니다.

또한 주짓수는 상대방의 의도를 읽고, 여러 가능성을 빠르게 계산하며, 효과적인 대응 전략을 수립하는 능력을 요구합니다. 이런 사고 과정은 일상적인 문제 해결과 전략적 사고 능력 발달에도 큰 도움이 됩니다.

3. 사회적 네트워크와 소속감

장기간 특정 운동을 지속하면 자연스럽게 깊은 유대감을 가진 커뮤니티의 일부가 됩니다. 주짓수 커뮤니티는 특히 국제적으로 연결되어 있어, 전 세계 어디서든 같은 언어(주짓수)를 구사하는 사람들과 즉시 연결될 수 있습니다. 이런 네트워크는 개인적 우정뿐만 아니라, 직업적 기회와 멘토링 관계로도 이어질 수 있습니다.

주짓수와 같은 커뮤니티 중심 운동은 서로 다른 배경, 연령, 직업을 가진 사람들이 공통의 관심사로 모이는 독특한 환경을 제공합니다. 이런 다양성은 시야를 넓히고, 다양한 관점을 이해하며, 사회적 스킬을 발달시키는 데 도움이 됩니다.

또한 오랜 기간 같은 커뮤니티에 속함으로써 멘토와 멘티의 관계를 경험할 수 있습니다. 처음에는 선배들에게 배우는 입장에서, 점차 자신의 경험과 지식을 후배들에게 전달하는 역할로 변화하는 과정은 깊은 보람과 함께 책임감과 리더십을 발달시킵니다.

4. 평생 학습의 태도

주짓수는 본질적으로 끝없는 배움의 여정입니다. 블랙 벨트를 획득한 후에도 계속해서 새로운 기술을 배우고, 자신의 이해를 깊게 하는 과정이 이어집니다. 이러한 평생 학습의 태도는 빠르게 변화하는 현대 사회에서 매우 중요한 자질입니다. 지속적으로 자신을 업데이트하고, 새로운 도전에 열린 마음을 유지하는 능력은 직업 세계에서도 큰 경쟁력이 됩니다.

지속적인 주짓수 수련은 '전문성'이 무엇인지, 그리고 그것이 어떻게 발달하는지에 대한 깊은 이해를 제공합니다. 기술을 단순히 표면적으로 모방하는 것에서 시작해, 원리를 이해하고, 창의적으로 응용하며, 결국에는 자신만의 스타일을 개발하는 과정은 어떤 분야에서든 적용할 수 있는 전문성 발달의 모델이 됩니다.

이런 평생 학습의 태도는 주짓수에 국한되지 않고, 삶의 모든 영역으로 확장됩니다. 새로운 것을 배우는 것에 대한 두려움 없이, 호기심과 개방성을 유지하며, 자신의 한계를 지속적으로 확장해 나가는 마인드셋은 현대 사회에서 가장 귀중한 자산 중 하나입니다.

대한민국의 국민 스타 복서 홍수환 선수는 어린 시절 권투를 시작해 세계 챔피언으로 성장한 대표적 인물입니다. 그는 자서전에서 "권투를 통해 배운 자기 관리와 인내심이 내 인생의 모든 도전을 극복하는 데 핵심이 되었다"고 밝혔습니다. 홍수환은 은퇴 후에도 이러한 가치를 청소년들에게 전하는 일에 헌신하며, "스포츠는 단순한 신체 활동이 아니라 평생의 삶의 태도를 형성하는 것"이라고 강조합니다. 그가 권투를 통해 배운 정신적 가치는 경기장을 넘어 사회 활동과 개인 삶 전반에 영향을 미치는 철학이 되었습니다.

디지털 중독과 좌식 생활이 보편화된 현대 사회에서, 어릴 때부터 형성된 운동 습관의 가치는 더욱 중요해지고 있습니다. 세계보건기구(WHO)는 신체 활동 부족이 전 세계적으로 4번째로 큰 사망 위험 요인이라고 경고하고 있습니다. 이런 상황에서 어린 시절부터 운동 습관을 형성하는 것은 단순한 취미 활동이 아닌, 평생 건강을 위한 필수적인 투자입니다.

또한 지속적인 운동은 삶의 질적 측면에서도 큰 차이를 만듭니다. 최근 한 연구에 따르면, 어릴 때부터 운동을 꾸준히 해온 노인들은 그렇지 않은 노인들에 비해 자립 생활을 더 오래 유지하고, 인지 기능 저하 속도도 더 느린 것으로 나타났습니다. 이는 운동의 효과가 단기적인 것이 아니라, 평생에 걸쳐 누적되어 나타난다는 것을 보여줍니다.

이러한 장기적인 혜택을 위해서는, 어린 시절부터 운동을 단순한 활동이 아닌 삶의 일부로 받아들이는 인식을 심어주는 것이 중요합니다. 그리고 이 과정에서 부모님의 역할은 무엇보다 중요합니다. 부모님이 운동의 가치를 인식하고, 아이가 꾸준히 참여할 수 있도록 지원할 때, 그 효과는 평생 동안 이어지게 됩니다.

핵심 요약

- 지속적인 운동습관은 신체적 건강과 노화 과정 지연에 직접적인 영향을 미칩니다.
- 장기간의 운동 경험은 회복탄력성과는 문제 해결 능력을 향상시킵니다.
- 운동 커뮤니티 안에서 형성되는 사회적 네트워크는 평생의 자산이 됩

니다.
- 꾸준한 운동은 평생 학습의 태도와 지속적인 성장 마인드셋을 발달시킵니다.
- 어린 시절부터 형성된 운동 습관의 혜택은 노년기까지 누적되어 나타납니다.

중단에서 재시작까지: 운동 습관 회복하기

인생의 여정에서 다양한 이유로 운동을 일시적으로 중단해야 할 때가 있습니다. 학업의 부담, 직장 변경, 이사, 출산, 부상 등 여러 환경적 요인과 상황으로 인해 운동을 쉬게 되는 경우가 있습니다. 이런 상황은 누구에게나 발생할 수 있으며, 중요한 것은 중단 그 자체가 아니라 어떻게 다시 시작하느냐입니다.

운동을 재개하는 것, 특히 오랜 기간 쉬었다면 더욱 어려울 수 있습니다. 그러나 이것은 근본적으로 마인드의 문제입니다. 올바른 마음가짐과 접근 방식으로 누구나 다시 운동을 시작하고 지속할 수 있습니다.

피겨 여왕 김연아 선수는 2011년 심각한 발목 부상으로 어려운 시기를 겪었지만, 인내와 끊임없는 재활 훈련을 통해 소치 올림픽에서 다시 세계 정상급 선수로 복귀했습니다. 그녀는 한 인터뷰에서 "부상 후 재활 과정은 단순한 신체적 회복이 아니라 정신적 인내와 자기 믿음을 시험하는 시간이었다"며 "하루하루 작은 목표를 세우고 꾸준히 노력한 것이 결국 다시 일어설 수 있게 했다"고 말했습니다. 이러한 김연아의 접근 방식은 운동을 중단했다가 재개하려는 모든 사람들에게 귀중한 교훈이 됩니다.

재시작을 위한 단계별 접근법

1. 자신과의 대화 - 재시작의 이유 명확히 하기

운동을 다시 시작하기 전, 왜 다시 시작하려고 하는지 그 이유를 명확히 하세요. 단순히 "해야 하니까" 보다는, 구체적인 목적과 그로 인해 얻을 수 있는 혜택을 생각해보세요. 이런 명확한 이유는 힘든 시간에 강력한 동기부여가 됩니다.

자신에게 질문해 보세요: "주짓수를 다시 시작함으로써 내 삶이 어떻게 더 나아질까?", "운동이 멈췄을 때, 내가 가장 그리워했던 것은 무엇인가?", "내가 운동을 통해 얻고 싶은 가장 중요한 것은 무엇인가?" 이런 질문들에 대한 깊은 성찰은 재시작을 위한 내적 동기를 강화시킵니다.

2. 현실적인 목표 설정하기

중단 전의 수준으로 바로 돌아가려 하지 마세요. 이것은 좌절과 부상의 원인이 될 수 있습니다. 대신, 작고 달성 가능한 목표부터 시작하여 점진적으로 강도를 높여가세요.

예를 들어, 주 5회 2시간씩 훈련하던 수준에서 바로 시작하려하지 말고, 처음에는 주 2회 1시간 정도로 시작하세요. 신체가 적응하고 자신감이 생기면 점차 빈도와 강도를 높여갈 수 있습니다. 이는 신체적 부상 예방뿐 아니라, 심리적으로도 성취감을 느끼며 꾸준히 나아갈 수 있게 합니다.

또한 단기, 중기, 장기 목표를 구분하여 설정하는 것도 도움이 됩니다. 예를 들어, 첫 달은 "규칙적인 출석", 3개월 후에는 "특정 기술 숙달", 6개월 후에는 "가벼운 대회 참가" 등의 단계적 목표를 세워보세요.

3. 즐거움을 되찾기

운동을 다시 시작하는 과정에서 즐거움을 찾는 것이 핵심입니다. 처음에는 익숙하고 즐겁게 할 수 있는 활동부터 시작하세요. 좋아하는 음악을 들으며 운동하거나, 아름다운 경치가 있는 곳에서 활동하는 등 즐거움을 더하는 요소를 찾아보세요.

주짓수의 경우, 처음에는 부담 없이 즐길 수 있는 기본 드릴이나 좋아하는 기술에 집중하세요. 경쟁적인 스파링보다는 기술 연습이나 플로우 롤링과 같은 협력적 훈련에 참여하는 것이 좋습니다. 이렇게 하면 성취감과 즐거움을 느끼며 점차 더 도전적인 활동으로 나아갈 수 있습니다.

운동을 다시 시작할 때 경험할 수 있는 신체적 불편함과 어색함을 극복하기 위해, 운동 자체의 즐거움 외에도 사회적 교류나 개인적 시간 확보 등 운동이 가져다주는 다양한 즐거움에 집중해보세요.

4. 사회적 지지 시스템 구축하기

혼자보다는 함께할 때 지속력이 높아집니다. 비슷한 목표를 가진 운동 파트너나 그룹을 찾아보세요. 가족의 지지도 중요합니다. 배우자나 자녀에게 응원과 격려를 요청하고, 가능하다면 함께 참여하도록 초대하세요.

체육관이나 헬스클럽에 다시 나가는 것이 부담스럽다면, 과거에 함께 훈련했던 친구나 코치에게 먼저 연락해보세요. 그들의 환영과 지원은 복귀 과정을 훨씬 수월하게 만들어 줄 것입니다.

또한 비슷한 상황에서 재시작한 사람들의 경험담이나 조언을 들어보는 것도 도움이 됩니다. 많은 체육관에서는 휴식 후 복귀한 회원들을 위한 특별 프로그램이나 모임을 운영하기도 합니다.

5. 습관의 힘 활용하기

같은 시간, 같은 장소에서 운동하면 자연스럽게 습관이 형성됩니다. 또한, 기존 습관에 새로운 운동 습관을 '연결'하는 것도 효과적입니다. 예를 들어 "아침 커피 후 10분 스트레칭", "퇴근 후 바로 체육관 가기" 등으로 연결시켜 보세요.

습관 형성에는 일관성이 핵심입니다. 처음에는 적은 시간이라도 정해진 일정에 꾸준히 참여하는 것이 중요합니다. 운동 장비를 전날 저녁에 준비해두거나, 체육관 가는 길에 있는 카페에서 좋아하는 음료를 마시는 등의 작은 루틴^{routine}을 만들어 습관 형성을 도울 수 있습니다.

또한 습관 추적 앱이나 달력에 출석 체크하기 등의 방법으로 자신의 진행 상황을 시각화하면 성취감을 느끼고 동기부여를 유지하는 데 도움이 됩니다.

6. 자신에게 너무 가혹하지 마세요

간혹 운동을 놓치거나 계획대로 되지 않더라도, 그것을 실패로 여기지 말고 단지 과정의 일부로 받아들이세요. 중요한 것은 꾸준함입니다.

완벽주의는 오히려 지속적인 습관 형성에 방해가 될 수 있습니다. 한 번 계획을 놓쳤다고 해서 "이제 망했다"고 생각하기보다는, "괜찮아, 내일 다시 시작하면 돼"라는 마음가짐을 유지하세요. 지속성은 완벽함보다 훨씬 더 중요합니다.

실패와 좌절을 경험할 때마다, 그것을 배움의 기회로 삼으세요. "왜 계획대로 되지 않았는지", "다음에는 어떻게 하면 더 잘할 수 있을지" 성찰하되, 자책하지는 마세요.

성공 사례: 혜림이의 이야기

혜림이(가명)의 사례는 운동 재개의 좋은 예입니다. 혜림이는 고등학교 시절 단 3개월 동안 주짓수를 배웠습니다. 짧은 기간이었지만, 그녀에게는 즐거운 기억으로 남아있었습니다.

졸업 후 혜림이는 바로 취업에 성공했습니다. 좋은 회사에 취직하여 안정적인 직장 생활을 시작했지만, 점차 일만 하는 삶에 활력을 잃어갔습니다. 매일 반복되는 출퇴근과 업무, 끊임없는 스트레스로 인해 그녀의 삶에는 낙이 없었고 점점 더 지쳐갔습니다.

"당시 저는 그저 일만 하며 살았어요. 아침에 일어나서 회사에 가고, 저녁 늦게 집에 돌아와 잠들고. 이 반복 속에서 제 삶의 즐거움을 찾지 못했습니다."

어느 날 혜림이는 고등학교 시절 잠시 경험했던 주짓수가 문득 생각났습니다. 그 짧은 경험이었지만, 매트 위에서 느꼈던 즐거움과 성취감은 여전히 선명한 기억으로 남아있었습니다. 그녀는 삶에 활력을 되찾기 위해 주짓수를 다시 시작하기로 결심했습니다.

처음에 혜림이는 그저 일상의 낙과 즐거움을 찾기 위해 주짓수를 시작했습니다. 주 1~2회 체육관을 찾아 훈련에 참여하는 것만으로도 그녀의 삶에 활기가 돌기 시작했습니다. 하지만 점차 주짓수는 단순한 취미를 넘어, 그녀의 일상에서 빼놓을 수 없는 중요한 부분이 되었습니다.

"주짓수를 다시 시작한 후, 제 삶이 완전히 달라졌어요. 퇴근 후에 체육관에 가는 것이 하루 중 가장 기다려지는 시간이 되었고, 주말에도 훈련을 위해 일어나는 것이 즐거웠습니다. 일에 대한 스트레스도 훨씬 줄었고, 전반적인 삶의 만족도가 높아졌어요."

혜림이는 이후 더 나은 조건의 새로운 일자리로 이직했지만, 주짓수만큼은 포기하지 않았습니다. 오히려 새 직장을 선택할 때 주짓수 체육관과의 거리도 중요한 고려 사항이었습니다. 그녀에게 주짓수는 더 이상 단순한 취미가 아니라, 삶의 필수적인 부분이 되었기 때문입니다.

5년이 지난 지금, 혜림이는 여전히 주짓수를 계속하고 있습니다. 일과 운동의 균형을 찾은 그녀는 더 행복하고 충만한 삶을 살고 있습니다.

"처음에는 그저 일상의 활력을 찾기 위해 시작했던 주짓수가 이제는 제 정체성의 일부가 되었어요. 이제 저는 주짓수를 하는 사람이고, 그것이 제 삶에 큰 의미를 줍니다. 고등학교 때 짧게 경험했던 그 즐거움이 지금의 제 삶을 이렇게 풍요롭게 할 줄은 몰랐습니다."

혜림이의 사례처럼, 짧은 경험이라도 운동의 즐거움을 기억하고 있다면 언제든 다시 시작할 수 있습니다. 처음에는 단순한 취미로 시작했더라도, 점차 그것이 삶의 중요한 부분이 되어 장기적인 습관으로 자리잡을 수 있습니다. 중요한 것은 첫 걸음을 내딛는 용기와, 그것을 일상에 통합시키는 꾸준함입니다.

이처럼 중단과 재시작의 경험은 오히려 운동의 가치를 더 깊이 인식하게 하고, 더 강한 의지로 운동 습관을 유지할 수 있게 도와줍니다. 중요한 것은 실패나 중단을 부끄러워할 일이 아니라, 새로운 시작을 위한 기회로 보는 관점의 전환입니다.

<u>핵심 요약</u>
- 운동 재개를 위해서는 명확한 동기와 이유를 스스로 정립하는 것이 중요합니다.
- 현실적이고 단계적인 목표 설정으로 점진적인 진전을 이루세요.
- 운동의 즐거움을 다시 찾는 것이 지속적인 참여의 핵심입니다.
- 사회적 지지와 정기적인 습관 형성이 재시작 성공에 큰 도움이 됩니다.
- 완벽보다는 지속성에 초점을 맞추고 자신에게 관대한 태도를 유지하세요.

운동이 삶의 철학이 될 때: 진정한 변화의 순간

운동, 특히 주짓수와 같은 활동이 단순한 신체 활동을 넘어 삶의 철학이 되는 순간이 있습니다. 이런 변화는 대개 서서히 일어나지만, 어떤 경우에는 특별한 경험이나 깨달음을 통해 갑자기 일어나

기도 합니다. 이러한 깨달음의 순간에, 운동은 우리 삶의 모든 영역에 영향을 미치는 근본적인 원칙과 가치의 원천이 됩니다.

수많은 제자들을 가르치며, 저는 그들이 이런 변화를 경험하는 모습을 지켜볼 수 있었습니다. 그 중에서도 성인이 된 제자 중 한 명의 이야기가 특히 인상적입니다.

운동이 인생 철학이 되는 과정: 실제 사례

"어릴 적 하던 운동이 나에게 이렇게 큰 도움이 될 줄은 몰랐습니다. 어릴 때는 그냥 운동이 좋아서, 또는 공부가 싫어서 하던 운동이 지금에 와서는 그 무엇보다 큰 가치가 되어 내 삶에 긍정적인 영향을 주고 있습니다. 그때의 힘든 경험과 실패가 기반이 되어 성인이 된 지금, 나는 실패와 도전을 두려워하지 않고 어떠한 정신적, 육체적 힘듦이 있더라도 그때를 생각하며 이겨낼 수 있습니다. 어릴 적 경험이 없었더라면 성인이 된 후에 겪는 실패가 쉽지 않았을 거라 생각합니다."

이 제자의 말처럼, 운동을 통해 얻은 가치와 경험은 삶의 모든 영역에 적용될 수 있습니다. 주짓수에서 배우는 인내심, 끈기, 실패로부터의 학습, 지속적인 자기 개선, 타인에 대한 존중 등의 원칙들은 직장 생활, 인간관계, 그리고 개인적인 도전에서도 큰 도움이 됩니다.

삶의 방식으로서의 운동: 체화된 철학

운동이 단순한 활동을 넘어 삶의 철학이 될 때, 그것은 우리의 일상 행동, 결정, 그리고 타인과의 관계에 자연스럽게 녹아들게 됩니다. 이것은 '체화된 철학'이라고 할 수 있습니다. 주짓수를 통해 배운 원칙들이 몸과 마음에 깊이 스며들어, 의식적인 생각 없이도 그에 따라 행동하게 되는 상태입니다.

예를 들어, 주짓수에서는 자신보다 큰 상대를 이기기 위해 레버리지(지렛대 원리)와 적절한 타이밍을 활용해야 합니다. 이 원리는 업무 환경에서도 적용될 수 있습니다. 한정된 자원으로 큰 목표를 달성하기 위해, 적절한 레버리지(핵심 포인트에 집중)와 타이밍을 활용하는 것이죠.

또한 주짓수에서는 '포지션 비포 서브미션(위치 선점이 제압보다 중요하다)'이라는 원칙이 있습니다. 이는 인생의 장기적 계획에도 적용될 수 있습니다. 당장의 성공(서브미션)보다 올바른 위치와 기반을 구축하는 것(포지션)이 더 중요하다는 삶의 지혜로 변환되는 것입니다.

운동이 삶의 철학이 될 때, 우리는 그것을 '해야 하는 것'이 아니라 '되고 싶은 사람'의 일부로 인식하게 됩니다. 이런 변화가 일어나면, 운동은 더 이상 시간표의 한 항목이 아니라 우리 정체성의 핵심 요소가 됩니다.

이러한 변화를 경험한 사람들은 대개 다음과 같은 특징을 보입니다:

- 운동을 통해 배운 원칙들을 일상 생활의 다양한 상황에 적용합니다. 도전적인 업무, 어려운 대화, 개인적인 목표 달성 등 모든 상황에서 운동에서 배운 원칙을 활용합니다.

- 운동을 단순한 활동이 아닌 지속적인 학습과 성장의 과정으로 바라봅니다. 새로운 기술을 배우고, 한계를 극복하고, 더 나은 버전의 자신이 되기 위해 끊임없이 노력합니다.

- 운동 커뮤니티를 소중히 여기고, 그 안에서의 관계와 경험을 통해 배움을 지속합니다. 함께 훈련하는 동료들, 지도자, 후배들과의 관계를 통해 서로 성장합니다.

- 운동에서 얻은 자신감과 회복탄력성을 바탕으로 삶의 다른 영역에서도 도전적인 목표를 설정하고 추구합니다. 그들에게 실패는 끝이 아니라 성장의 기회입니다.

진정한 변화의 순간들: 개인적 통찰

많은 제자들이 주짓수를 통해 경험한 '깨달음의 순간'들을 공유해 주었습니다. 이런 순간들은 종종 큰 도전이나 어려움을 극복한 후에 찾아옵니다:

"블루 벨트를 받기 위해서 매일 훈련했어요. 너무 힘들어서 포기하고 싶을 때가 많았습니다. 하지만 그 과정을 견뎌내고 마침내 벨트를 획득했을 때, 깨달았습니다. 인생의 어떤 도전도 이 과정보다 더 힘들지 않을 거라고. 그 후로는 직장에서의 어

려운 프로젝트나 개인적인 도전도 '나는 이미 더 힘든 것을 해
냈어. 이것쯤이야'라는 마음으로 접근하게 되었습니다."

"어느 날 훈련 중에 갑자기 깨달음이 왔어요. 제가 실수를 두
려워하고 완벽하게 하려는 압박 때문에 오히려 발전이 더뎠던
거죠. 그날부터 실수를 두려워하지 않고, 그것을 배움의 기회
로 보기 시작했습니다. 이 마인드셋의 변화는 제 직장 생활에
도 큰 영향을 미쳤어요. 이제는 새로운 도전을 두려워하지 않
고 오히려 즐기게 되었습니다."

이런 깨달음의 순간들은 단순한 운동을 인생의 철학으로 변환시
키는 전환점이 될 수 있습니다. 이런 경험은 어린 시절부터 시작해
서 평생에 걸쳐 지속적으로 발생할 수 있으며, 각 단계마다 더 깊은
이해와 통합을 가져옵니다.

운동이 삶의 철학이 되는 이런 변화는 어린 시절부터 시작해서
평생에 걸쳐 점진적으로 일어날 수도 있고, 성인이 되어 특별한 깨
달음의 순간을 통해 갑자기 일어날 수도 있습니다. 중요한 것은, 부
모님들이 아이들에게 이런 깊은 수준의 이해와 통합을 경험할 수
있는 기회를 제공하는 것입니다.

핵심 요약

- 운동이 삶의 철학이 될 때, 그 원칙과 가치는 모든 생활 영역에 자연

스럽게 적용됩니다.

- '체화된 철학'으로서 운동은 의식적 노력 없이도 우리의 행동과 결정에 영향을 미칩니다.
- 주짓수의 원칙(레버리지, 포지션 비포 서브미션 등)은 직장과 일상생활에도 적용가능한 지혜입니다.
- 운동을 통한 깨달음의 순간은 삶을 바라보는 관점에 근본적인 변화를 가져올 수 있습니다.
- 아이들에게 이러한 깊은 수준의 이해와 통합을 경험할 기회를 제공하는 것이 중요합니다.

평생의 자산: 세대를 넘어 이어지는 운동의 가치

아이의 교육에 투자하는 부모님들의 마음은 모두 같습니다. 우리 아이가 행복하고 성공적인 삶을 살기를 바라는 마음이지요. 그리고 그 마음을 실현하기 위해 학원, 과외, 교재 등 다양한 교육에 많은 노력과 비용을 투자합니다.

학업에 투자하는 것도 중요합니다. 하지만 운동에 투자하는 것은 더 큰 가치를 가질 수 있습니다. 운동, 특히 주짓수와 같은 종합적인 활동을 통해 아이가 얻는 자산은 단순한 신체적 건강을 넘어섭니다.

운동을 통해 얻는 평생의 자산들

1. 인성과 사회성 발달

주짓수는 예의, 존중, 인내, 겸손함을 가르칩니다. 이런 가치들은 모든 인간관계에서 중요한 기반이 됩니다.

주짓수 훈련은 본질적으로 상대방과의 협력을 필요로 합니다. 파트너 없이는 기술을 배우고 연습할 수 없기 때문에, 자연스럽게 서로를 배려하고 존중하는 태도를 발달시킵니다. 또한 다양한 배경과 능력을 가진 사람들과 함께 훈련하면서 포용성과 다양성에 대한 이해도 키울 수 있습니다.

2. 회복탄력성과 문제해결 능력

운동 중 직면하는 어려움과 실패를 극복하는 과정에서 아이들은 강한 정신력과 문제해결 능력을 기릅니다.

주짓수 훈련 중에는 끊임없이 도전적인 상황에 직면합니다. 자신보다 강하거나 기술적으로 우월한 상대와의 스파링, 새로운 기술 습득의 어려움, 대회에서의 패배 등 다양한 형태의 "실패"를 경험하게 됩니다. 이런 경험들은 실패가 끝이 아니라 배움의 과정임을 가르쳐주고, 어려움 앞에서도 포기하지 않는 인내심을 길러줍니다.

3. 자기 조절과 집중력

규칙적인 운동은 자신의 감정과 행동을 조절하는 능력을 향상시키고, 집중력을 높입니다.

주짓수는 특히 감정 조절 능력을 기르는 데 효과적입니다. 스파링 중에 좌절이나 분노를 느껴도, 그것을 통제하고 전략적으로 대응해야 합니다. 이런 훈련은 일상에서도 감정을 더 잘 인식하고 조절하는 능력으로 이어집니다. 또한 복잡한 기술을 배우고 실행하는 과정에서 깊은 집중력을 발달시키게 됩니다.

4. 건강한 생활방식

운동을 습관화하면 건강한 식습관, 규칙적인 수면 패턴 등 다른 건강한 생활 습관도 자연스럽게 따라옵니다.

주짓수와 같은 고강도 운동을 지속하기 위해서는 적절한 영양 섭취와 충분한 휴식이 필요합니다. 이런 필요성을 통해 아이들은 자연스럽게 건강한 식습관과 생활 리듬의 중요성을 배우게 됩니다. 특히 청소년기에 이런 건강한 생활 습관이 형성되면, 성인기에도 자연스럽게 이어질 가능성이 높습니다.

5. 리더십과 팀워크

주짓수와 같은 운동은 개인의 발전과 동시에 다른 사람을 도와주고 함께 성장하는 법을 가르칩니다.

주짓수 훈련은 개인 기술을 발전시키면서도 팀의 일원으로서 책임감을 배우는 독특한 환경을 제공합니다. 선배 수련생들은 자연스럽게 후배들을 가르치고 돕는 역할을 맡게 되며, 이 과정에서 리더십 스킬을 발달시킵니다. 또한 대회 준비 과정에서는 팀원들과 협력하여 서로의 기술을 향상시키는 경험을 통해 팀워크의 가치를 배우게 됩니다.

더구나 이런 역량들은 어떤 직업을 갖게 되더라도, 어떤 환경에 처하게 되더라도 유용하게 활용될 수 있습니다. 특히 미래 사회는 빠르게 변화하고 있으며, 지금의 교육 방식으로는 예측할 수 없는 미래에 대비하기 어려울 수 있습니다. 그러나 운동을 통해 길러진 적응력, 문제 해결 능력, 협력 능력 등은 어떤 미래가 와도 아이가 성공적으로 대응할 수 있게 해줄 것입니다.

건강 수명의 중요성: 운동 습관의 장기적 효과

세계보건기구(WHO)는 '건강 수명'이라는 개념을 강조합니다. 이는 단순히 오래 사는 것이 아니라, 건강하게 활동적으로 삶을 영위하는 기간을 의미합니다. 평생의 운동 습관은 이 건강 수명을 크게 연장시킬 수 있습니다.

최근 연구에 따르면, 어린 시절부터 형성된 규칙적인 운동 습관은 성인기의 다양한 만성질환(고혈압, 당뇨, 심장병, 특정 암 등) 위험을 크게 감소시킵니다. 그러나 운동의 혜택은 단순히 질병 예방에 그치지 않습니다.

규칙적인 운동은:
- 뇌 기능과 인지 능력을 향상시켜 학업 및 직업적 성과를 높입니다

- 정신 건강을 증진하여 우울증과 불안장애의 위험을 줄입니다
- 수면의 질을 개선하여 전반적인 삶의 질을 높입니다
- 에너지 수준을 높이고 활력 있는 일상생활을 가능하게 합니다
- 노년기에도 자립적인 생활을 더 오래 유지할 수 있게 합니다

특히 주목할 점은, 어린 시절에 형성된 운동 습관의 혜택이 수십 년 후에도 지속된다는 것입니다. 한 장기 연구에 따르면, 청소년기에 규칙적으로 운동한 사람들은 50대에 측정한 심혈관 건강, 근력, 그리고 뼈 밀도가 그렇지 않은 사람들보다 훨씬 우수했습니다. 이는 어린 시절의 운동이 성인기의 건강을 위한 "저축" 역할을 한다는 것을 보여줍니다.

이런 장기적 혜택들은 아이가 성인이 되고 노년을 맞이했을 때 비로소 그 진정한 가치가 드러납니다. 어린 시절 형성된 운동 습관의 효과는 수십 년에 걸쳐 누적되어 나타나는 것입니다.

최근 한 연구에 따르면, 운동을 규칙적으로 하는 부모의 자녀는 그렇지 않은 부모의 자녀보다 신체 활동에 참여할 확률이 5-6배 높다고 합니다. 이는 부모의 생활 방식이 자녀에게 미치는 강력한 영향력을 보여줍니다. 특히 부모가 단순히 운동을 "시키는" 것이 아니라, 직접 실천하며 운동의 가치를 체현할 때 그 영향력은 더욱 커집니다.

이러한 세대 간 전승은 개인적 차원을 넘어 사회적 의미도 가집니다. 건강한 운동 문화가 세대를 거쳐 이어질 때, 그것은 보다 건

강하고 활기찬 사회의 기반이 됩니다. 특히 현대 사회의 좌식 생활과 디지털 중독 문제가 심각해지는 상황에서, 운동 문화의 세대 간 전승은 더욱 중요한 의미를 가집니다.

<u>핵심 요약</u>
- 운동은 인성, 회복탄력성, 자기조절, 건강 습관, 리더십 등 다양한 평생의 자산을 형성합니다.
- 어린 시절 형성된 운동 습관은 성인기와 노년기까지 건강 수명을 연장시키는 효과가 있습니다.
- 운동의 가치는 한 세대에서 끝나지 않고 다음 세대로 전승되어 세대를 넘는 유산이 됩니다.
- 부모가 운동을 직접 실천할 때 자녀에게 미치는 영향력은 더욱 커집니다.
- 건강한 운동 문화의 세대 간 전승은 개인적 유익을 넘어 사회적 가치를 창출합니다.

학부모와 성인 운동 입문자들의 자주 묻는 질문

운동 습관 형성에 대해 학부모님들과 성인 운동 입문자들이 자주 궁금해하는 질문들에 답변드립니다. 이 섹션이 실질적인 도움이 되길 바랍니다.

Q1: 아이가 운동에 흥미를 보이지 않아요. 어떻게 동기부여를 해줄 수 있을까요?

아이들은 자신의 흥미와 재능에 맞는 운동을 찾았을 때 자연스럽게 동기부여가 됩니다. 다양한 종목을 체험해볼 기회를 제공하세요. 또한 초기에는 기술적 측면보다 재미와 즐거움, 그리고 성취감을 경험할 수 있도록 하는 것이 중요합니다.

아이의 성격과 선호도를 고려하세요. 내성적인 아이라면 단체 스포츠보다 주짓수와 같은 개인 운동이 더 적합할 수 있습니다. 또한 부모님이 함께 참여하거나, 친구들과 함께할 수 있는 환경을 만들어주는 것도 좋은 방법입니다.

무엇보다 운동을 '해야 하는 의무'가 아닌 '즐거운 특권'으로 프레임을 바꾸는 것이 중요합니다. 작은 성취에도 충분히 칭찬하고, 운동 후의 긍정적인 변화(기분이 좋아짐, 에너지가 생김 등)에 주목하도록 도와주세요.

Q2: 운동과 학업, 어떻게 균형을 맞출 수 있을까요?

이는 많은 학부모님들이 고민하는 문제입니다. 운동과 학업은 서로 상충하는 것이 아니라 상호 보완적인 관계라는 것을 이해하는 것이 중요합니다. 연구에 따르면 규칙적인 운동은 뇌 기능을 향상시켜 학습 능력, 집중력, 기억력 등을 개선하는 효과가 있습니다.

효과적인 시간 관리가 핵심입니다. 학기 초에 학업과 운동 일정을 함께 계획하고, 시험 기간에는 운동 강도를 조절하되 완전히 중단하지는 않는 것이 좋습니다. 또한 운동을 통해 배우는 자기 관리, 시간 관리, 스트레스 관리 능력은 학업에도 큰 도움이 됩니다.

기억하세요. 아이에게 필요한 것은 운동과 학업 모두입니다. 단기적인 학업 성과만 좇다가 평생의 건강 습관 형성 기회를 놓치지 마세요.

Q3: 나이가 들어서 운동을 시작해도 효과가 있을까요?

절대적으로 그렇습니다! 많은 연구들이 어느 나이에서 시작하든 운동의 효과가 있다는 것을 보여줍니다. 60대, 70대에 운동을 시작한 사람들도 근력, 심폐지구력, 유연성 등의 유의미한 향상을 경험했습니다.

물론 나이에 맞는 적절한 운동 강도와 종류를 선택하는 것이 중요합니다. 초보자라면 전문가의 지도를 받는 것이 좋고, 자신의 신체 상태와 건강 조건을 고려해 점진적으로 강도를 높여가야 합니다. 특히 주짓수와 같은 격투 스포츠는 모든 연령대에 맞춤화된 훈련이 가능하며, 많은 체육관에서 성인 입문자 전용 클래스를 운영합니다.

중요한 것은 '완벽한 시작'을 기다리기보다 '지금 바로 시작'하는 것입니다. 6개월 후의 자신에게 가장 감사할 결정이 될 것입니다.

Q4: 아이가 운동 중 실패나 좌절을 경험할 때 어떻게 도와줘야 할까요?

실패와 좌절은 운동의 자연스러운 부분이며, 이를 통해 아이들은 회복탄력성과 인내심을 기릅니다. 이런 순간들이 오히려 가장 중요한 학습 기회가 될 수 있습니다.

첫째, 아이의 감정을 인정하고 공감해주세요. "정말 실망했겠구나", "열심히 했는데 원하는 결과가 안 나와서 속상하지?"와 같은 공감의 말을 건네는 것이 중요합니다.

둘째, 실패를 성장의 기회로 재구성할 수 있도록 도와주세요. "이번 경험에서 무엇을 배웠니?", "다음에는 어떻게 다르게 해볼 수 있을까?"와 같은 질문을 통해 반성적 사고를 유도하세요.

셋째, 성장 마인드셋을 강조하세요. "아직 못하는 것이 아니라, 아직 못하는 것일 뿐이야", "노력하면 반드시 향상돼"와 같은 메시지를 전달하세요.

마지막으로, 결과보다 과정과 노력에 초점을 맞추세요. 승패나 성적보다 얼마나 열심히 준비했는지, 어떤 발전이 있었는지에 가치를 두는 것이 중요합니다.

Q5: 운동 종목은 어떻게 선택해야 할까요?

자녀에게 맞는 운동 종목을 선택할 때는 몇 가지 요소를 고려해야 합니다:

1. 아이의 성격과 기질: 활동적이고 사교적인 아이는 단체 스포츠를 좋아할 수 있고, 조용하고 집중력이 높은 아이는 개인 종목에서 더 만족감을 찾을 수 있습니다.
2. 신체적 특성: 아이의 체형, 유연성, 근력, 지구력 등을 고려하세요. 하지만 이것이 결정적 요소가 되어서는 안 됩니다. 다양한 경험을 통해 예상치 못한 재능을 발견할 수도 있습니다.
3. 아이의 관심사: 아이가 자연스럽게 흥미를 보이는 활동이 무엇인지 관찰하세요. 좋아하는 스포츠 스타나 관심있게 보는 스포츠 경기가 있는지 물어보는 것도 좋은 방법입니다.
4. 접근성과 지속가능성: 집이나 학교에서 가까운 시설, 비용, 일정 등 현실적인 요소도 중요합니다. 지속할 수 없는 운동은 아무리 좋아도 효과가 제한적입니다.
5. 체험 기회 제공: 최종 결정 전에 다양한 종목을 체험해볼 기회를 주세요. 많은 체육관이나 클럽에서 무료 체험 수업을 제공합니다.

특히 주짓수와 같은 종합적인 운동은 신체의 모든 부위를 균형있게 발달시키고, 다양한 신체적, 정신적 발달을 촉진하기 때문에 어린이에게 특히 추천합니다.

Q6: 운동과 식습관, 어떻게 연계해야 할까요?

운동 효과를 최대화하고 건강한 생활 습관을 형성하기 위해서는 식습관과의 균형이 중요합니다. 몇 가지 핵심 원칙을 소개합니다:
1. 균형 잡힌 영양소 섭취: 단백질, 탄수화물, 건강한 지방, 비타민, 미네랄을 균형 있게 섭취하는 것이 중요합니다. 특히 성장기 아이들에게는 충분한 단

백질과 칼슘 섭취가 필수적입니다.

2. 수분 섭취: 적절한 수분 공급은 운동 성과와 회복에 직접적인 영향을 미칩니다. 특히 주짓수와 같은 고강도 운동 전후로 충분한 수분 섭취가 중요합니다.

3. 식사 타이밍: 운동 2-3시간 전에는 소화가 쉬운 탄수화물과 적당한 단백질이 포함된 식사를, 운동 후 30-60분 내에는 단백질과 탄수화물을 함께 섭취하는 것이 회복에 도움이 됩니다.

4. 가공식품 제한: 당분이 많은 음료, 과자, 패스트푸드 등의 가공식품은 제한하고, 자연식품 위주로 식단을 구성하세요.

5. 강제가 아닌 교육: 특히 아이들에게는 "이건 먹으면 안 돼"보다 "이것은 근육을 키우는 데 도움이 돼", "이건 에너지를 오래 유지시켜 줘" 같은 식으로 식품의 효과를 설명해주는 것이 효과적입니다.

기억하세요. 지나친 식이 제한이나 극단적인 다이어트는 오히려 건강과 운동 성과에 악영향을 미칠 수 있습니다. 특히 성장기 아이들에게는 적절한 영양 섭취가 신체 발달에 필수적입니다.

Q7: 어떻게 하면 아이가 운동을 꾸준히 지속하게 할 수 있을까요?

운동의 지속성이 평생 습관 형성의 핵심입니다. 아이들이 꾸준히 운동을 이어가게 하는 전략을 소개합니다:

1. 소속감 강화: 팀이나 커뮤니티의 일원이라는 소속감은 강력한 동기부여가 됩니다. 체육관 행사, 팀 활동 등에 적극적으로 참여하도록 격려하세요.

2. 관계 형성 지원: 같은 운동을 하는 친구들과의 관계를 발전시킬 수 있도록 도와주세요. 운동 후 함께하는 시간, 친구들과의 연습 기회 등을 마련해 주는 것이 좋습니다.

3. 목표 설정 돕기: 단기, 중기, 장기 목표를 함께 설정하고, 달성했을 때 적절히 축하해 주세요. 목표는 구체적이고 측정 가능하며 달성 가능한 것이어야 합니다.

4. 과정 중심 접근: 결과(승패, 등수 등)보다 과정(노력, 발전, 배움)에 가치를 두는 태도를 보여주세요. "오늘 새로운 기술을 시도한 용기가 정말 대단해"와 같은 말로 과정을 격려하세요.

5. 일관성 유지: 운동 일정을 최대한 규칙적으로 유지하세요. 예측 가능한 일상은 아이들에게 안정감을 주고, 자연스러운 습관 형성에 도움이 됩니다.

6. 강제가 아닌 자발성 존중: 때로는 아이가 운동을 쉬고 싶어할 수도 있습니다. 강제로 밀어붙이기보다 이유를 함께 탐색하고, 일시적인 휴식이 필요하다면 인정해 주되, 적절한 시점에 다시 시작할 수 있도록 도와주세요.

7. 부모의 지속적 관심과 참여: 연습이나 경기를 관람하고, 발전에 관심을 보이며, 운동에 대해 대화를 나누는 등 지속적인 관심을 보여주세요. 아이들은 부모의 관심과 지지를 통해 더 큰 동기를 얻습니다.

Q8: 경쟁과 협력, 어떻게 균형을 맞춰야 할까요?

스포츠와 운동에서 경쟁은 자연스러운 요소이지만, 지나친 경쟁 강조는 아이들의 운동 즐거움과 지속성을 해칠 수 있습니다. 균형 잡힌 접근법을 제안합니다:

1. 발달 단계 고려: 어린 아이들(~9세)은 경쟁보다 재미와 기본 기술 습득에

중점을 두고, 나이가 들면서 점진적으로 건전한 경쟁 요소를 도입하는 것이 좋습니다.

2. **자기 경쟁 강조**: 다른 사람과의 경쟁보다 자신의 이전 기록이나 수준을 넘어서는 '자기 경쟁'을 강조하세요. "지난번보다 훨씬 좋아졌구나!"와 같은 피드백이 효과적입니다.

3. **협력의 가치 가르치기**: 주짓수와 같은 운동은 본질적으로 협력이 필요합니다. 파트너와 함께 기술을 연습하고, 서로 피드백을 주고받으며, 함께 성장하는 경험을 강조하세요.

4. **승패에 대한 건강한 태도 형성**: 승리는 축하하되 겸손하게, 패배는 인정하고 배움의 기회로 삼는 태도를 가르치세요. "이기고 지는 것보다 중요한 것은 그 과정에서 무엇을 배우느냐야"라는 메시지를 전달하세요.

5. **팀워크와 스포츠맨십 강조**: 개인 성과뿐만 아니라 팀 정신, 페어 플레이, 상대방 존중 등의 가치를 강조하세요. 이는 스포츠를 넘어 인생의 중요한 가치가 됩니다.

경쟁과 협력이 균형을 이룰 때, 아이들은 운동을 통해 더 풍부한 인생 교훈을 얻을 수 있습니다. 적절한 경쟁은 발전의 원동력이 되고, 협력은 관계와 팀워크 능력을 길러줍니다.

Q9: 운동 재개를 망설이고 있습니다. 다시 시작하는 좋은 방법이 있을까요?

성인으로서 운동을 재개하는 것은 때로 두렵고 부담스러울 수 있습니다. 특히 오랜 공백이 있었다면 더욱 그렇습니다. 다음 전략이 도움이 될 것입니다:

1. 명확한 '왜'를 정하세요: 단순히 "건강해지기 위해"보다 더 구체적이고 개인적인 이유(에너지 증가, 스트레스 관리, 특정 활동을 즐기기 위한 체력 향상 등)를 찾으세요. 이런 내적 동기가 지속적인 참여의 원동력이 됩니다.
2. 점진적으로 시작하세요: "모 아니면 도" 접근법은 실패와 부상의 지름길입니다. 일주일에 1-2회, 30분 정도의 가벼운 활동으로 시작해 점차 강도와 빈도를 높여가세요.
3. 전문가의 도움을 받으세요: 특히 주짓수와 같은 기술적 운동은 초기에 전문 지도자의 지도를 받는 것이 중요합니다. 많은 체육관에서 성인 입문자를 위한 특별 프로그램을 운영합니다.
4. 커뮤니티를 찾으세요: 비슷한 목표를 가진 사람들과 함께할 때 지속성이 높아집니다. 운동 파트너나 그룹을 찾아 서로 격려하고 책임감을 공유하세요.
5. 작은 성공을 축하하세요: 큰 목표를 향해 가는 과정에서 작은 승리(꾸준히 출석, 새로운 기술 습득 등)를 인정하고 축하하세요. 이런 긍정적 강화가 지속적인 동기부여가 됩니다.
6. 기록을 남기세요: 운동 일지를 통해 활동, 느낌, 발전 등을 기록하면 진전을 가시적으로 확인할 수 있고, 어려울 때 반성과 조정의 도구가 됩니다.

다시 시작하는 것이 가장 어렵지만, 시작하고 나면 왜 더 일찍 시작하지 않았는지 후회하게 될 것입니다. 완벽한 시작을 기다리지 말고, 지금 바로 첫 걸음을 내딛으세요.

Q10: 운동이 ADHD, 불안, 우울증 같은 정신 건강 문제에도 도움이 될까요?

네, 많은 연구가 규칙적인 운동이 다양한 정신 건강 문제에 긍정적인 영향을 미친다는 것을 보여줍니다:

1. ADHD: 운동은 집중력, 충동 조절 능력을 향상시키고 과잉행동을 줄이는 데 도움이 됩니다. 특히 주짓수와 같은 고도의 집중이 필요한 운동은 ADHD 증상 관리에 효과적일 수 있습니다.

2. 불안 장애: 운동은 스트레스 호르몬 수치를 낮추고, 기분을 조절하는 신경전달물질의 분비를 촉진합니다. 신체 활동 중에는 '지금 여기'에 집중하게 되어 걱정과 염려에서 벗어나는 마음챙김 효과도 있습니다.

3. 우울증: 규칙적인 운동은 엔도르핀, 세로토닌, 노르에피네프린 등 기분을 개선하는 물질의 분비를 촉진합니다. 또한, 성취감, 자신감 향상, 사회적 연결 증가 등을 통해 우울증 증상을 완화할 수 있습니다.

4. 스트레스: 운동은 '스트레스 회복력'을 강화하여 일상적인 스트레스에 더 효과적으로 대처할 수 있게 합니다. 육체적 활동은 정신적 긴장을 해소하는 자연스러운 방법입니다.

특히 주짓수와 같은 격투 스포츠는 신체적 접촉이 많고 전신을 사용하며 깊은 집중을 요구하기 때문에, 정신 건강에 특별한 혜택을 제공합니다. 물론, 심각한 정신 건강 문제가 있는 경우에는 운동만으로 충분하지 않을 수 있으며, 전문가의 치료와 함께 보완적으로 활용하는 것이 좋습니다.

평생의 자산을 쌓는 여정: 지금 시작하기

이 장의 여정을 마무리하며, 강조하고 싶은 것은 운동, 특히 주짓수가 단순한 신체 활동이 아니라 평생의 자산을 쌓는 과정이라는 점입니다. 이 자산은 신체적 건강, 정신적 강인함, 사회적 연결, 그리고 삶의 철학적 원칙들을 포함합니다.

우리 아이들이 이러한 귀중한 자산을 쌓을 수 있도록 돕는 것은 부모로서 할 수 있는 가장 가치 있는 투자 중 하나입니다. 그리고 이 투자는 지금, 바로 오늘 시작할 수 있습니다.

지금까지 우리는 왜 운동이 중요한지, 특히 주짓수가 어떤 특별한 가치를 제공하는지, 그리고 어떻게 운동과 학업을 균형 있게 병행할 수 있는지 살펴보았습니다. 또한 운동을 평생의 습관으로 만들기 위한 전략과 방법에 대해서도 논의했습니다.

이 모든 내용을 종합하여, 부모님들께 몇 가지 마지막 조언을 드리고 싶습니다:

운동을 가족 문화의 일부로 만드세요

운동의 가치를 단순히 말로만 전달하는 것이 아니라, 가족 모두가 함께 실천하고 즐기세요. 주말 가족 운동, 스포츠 경기 관람, 운동과 관련된 대화 등을 통해 운동이 가족 문화의 중요한 부분이 되게 하세요.

가족 식사 시간에 각자의 운동 경험과 성장에 대해 이야기를 나누거나, 가족 여행 계획에 활동적인 경험을 포함시키는 것도 좋은 방법입니다. 부모님께서 먼저 운동의 가치를 실천하고 즐기는 모습을 보여주세요. 아이들은 말보다 부모의 행동을 통해 더 많은 것을 배웁니다.

또한 운동과 관련된 가족 전통을 만들어보세요. 예를 들어, 매년 특정 대회나 이벤트에 함께 참가하거나, 가족 챌린지를 정기적으로 진행하는 것입니다. 이런 전통은 가족 유대감을 강화하고, 운동의 가치를 자연스럽게 가족 정체성의 일부로 만들어 줍니다.

아이의 개성과 관심사를 존중하면서도, 장기적인 성장을 위한 지속적인 지원을 아끼지 마세요

때로는 아이가 힘들어하고 포기하고 싶어할 수도 있습니다. 그럴 때 부모님의 지지와 격려가 아이의 지속적인 참여를 가능하게 합니다.

모든 아이는 자신만의 속도와 방식으로 발전합니다. 다른 아이들과 비교하기보다는, 아이 자신의 이전 모습과 비교하여 발전을 격려해 주세요. 작은 성장과 노력에도 관심을 기울이고 인정해 주는 것이 중요합니다.

특히 어려움을 겪을 때는 단순히 "포기하지 마"라고 말하기보다, 구체적인 도움과 해결책을 함께 찾아보세요. 예를 들어, 기술적 어려움을 겪고 있다면 추가 연습이나 개인 레슨을 제안하거나, 동기 부여가 떨어진다면 함께 목표를 재설정하는 것입니다.

아이의 운동에 대해 장기적인 관점을 가지세요

단기적인 성과나 결과보다는, 운동을 통해 아이가 배우고 성장하는 과정에 더 가치를 두세요. 이런 과정 중심의 접근이 아이의 평생 운동 습관 형성에 도움이 됩니다.

단기적인 승패나 벨트 승급과 같은 외적 성과에만 집중하면, 아이는 그것이 없을 때 운동의 의미를 잃을 수 있습니다. 대신, 기술 향상, 인내심 발달, 팀워크 경험, 도전 극복과 같은 내적 성장에 주목하도록 도와주세요.

장기적 관점에서는 아이의 발달 단계에 맞는 적절한 도전과 지원을 제공하는 것이 중요합니다. 유아기에는 재미와 즐거움에 중점을 두고, 청소년기에는 더 깊은 기술적, 철학적 이해를 발달시킬 수 있도록 돕는 것입니다.

운동의 다양한 가치와 혜택을 아이와 함께 탐색하고 발견하세요

신체적 건강 이상의 것들, 예를 들어 인내심, 자신감, 회복탄력성, 팀워크, 그리고 지속적인 자기 개선의 가치들을 아이가 이해하고 경험할 수 있도록 도와주세요.

운동 경험에서 얻은 교훈을 다른 생활 영역과 연결시키는 대화를 나누세요. "주짓수에서 새 기술을 배울 때 보여준 그 인내심이 수학 문제를 풀 때도 도움이 될 수 있어", "대회에서 패배한 후에도 다시 도전하는 모습이 정말 자랑스러워. 그런 태도는 인생의 어떤 도전에서도 중요해" 같은 대화를 통해 운동의 가치가 삶 전체로 확장될 수 있음을 가르쳐 주세요.

또한 운동이 제공하는 즐거움, 성취감, 스트레스 해소, 사회적 연결과 같은 다양한 혜택을 아이가 직접 경험하고 인식할 수 있도록 도와주세요. 이런 다면적인 가치를 이해할 때, 운동은 평생의 습관으로 더 자연스럽게 자리잡게 됩니다.

평생의 선물

운동을 통한 성장과 발전의 여정은 어느 나이에서든 시작할 수 있지만, 어릴 때 시작할수록 그 혜택은 더 크고 오래 지속됩니다. 지금 이 순간, 여러분의 결정이 아이의 미래를 크게 바꿀 수 있습니다. 운동, 특히 주짓수를 통해 아이가 평생의 자산을 쌓는 여정을 시작할 수 있도록 도와주세요.

아이들이 주짓수를 통해 배우는 것은 단순한 기술이나 메달이 아닙니다. 그것은 삶을 살아가는 방식, 도전을 마주하는 태도, 실패를 다루는 법, 그리고 지속적인 성장과 발전을 추구하는 마음가짐입니다. 이러한 가치들은 어떤 직업을 갖게 되든, 어떤 환경에 처하게 되든 평생 도움이 될 소중한 자산입니다.

앞서 한 제자가 말했듯이, "어릴 적 경험이 없었더라면 성인이 된 후에 겪는 실패가 쉽지 않았을 거라 생각합니다." 이처럼 운동을 통해 얻는 경험과 교훈은 아이의 평생에 걸쳐 영향을 미칩니다.

부모로서 여러분이 할 수 있는 가장 중요한 선물 중 하나는 아이에게 이런 소중한 경험과 가치를 접할 기회를 제공하는 것입니다. 그 첫 걸음을 내딛는 데 이 책이 작은 도움이 되었기를 바랍니다.

아이와 함께 주짓수의 여정을 시작하세요. 그 과정에서 아이의 성장뿐만 아니라, 부모로서의 여러분도 많은 것을 배우고 성장할 것입니다. 함께하는 이 여정이 여러분 가족 모두에게 소중한 추억과 가치를 선사하길 바랍니다.

지금 시작하세요. 아이의 미래를 위한 가장 소중한 투자가 될 것입니다.

핵심 포인트

1. **가족의 참여와 지원**: 가족 전체가 운동의 가치를 인정하고 함께 참여할 때 효과가 극대화됩니다.

2. **연령별 접근:** 아이의 발달 단계에 맞는 적절한 운동 접근법을 적용하는 것이 중요합니다.

3. **디지털 균형:** 현대 사회에서는 스크린 타임과 신체 활동 사이의 건강한 균형을 찾는 것이 필수적입니다.

4. **중단과 재시작:** 인생의 여정에서 운동 중단은 자연스러운 일이나, 중요한 것은 어떻게 다시 시작하느냐입니다.

5. **삶의 철학:** 궁극적으로 운동은 단순한 신체 활동을 넘어 삶의 태도와 철학이 되어 모든 영역에 영향을 미칩니다.

6. **세대 간 전승:** 운동의 가치와 문화는 세대를 넘어 이어지는 소중한 유산이 될 수 있습니다.

에필로그

운동이 단순한 취미가 아닌 이유

　제주도의 작은 체육관에서 10년이라는 시간 동안 수많은 아이들을 가르치며, 저는 한 가지 확신을 얻게 되었습니다. 바로 지도자의 역량과 영향력이 아이들의 삶에 얼마나 큰 변화를 가져올 수 있는지에 대한 깨달음입니다.

　처음 체육관을 열었을 때, 저는 단순히 주짓수라는 운동 기술을 가르치는 사람에 불과하다고 생각했습니다. 하지만 시간이 흐르면서 깨달았습니다. 제가 아이들에게 전달하는 것은 단순한 기술이 아니라 삶의 태도와 가치관, 그리고 미래를 살아갈 힘이라는 것을요.

　소극적이고 자신감 없던 아이가 당당하게 자신의 의견을 표현하게 되고, 쉽게 포기하던 아이가 끝까지 도전하는 모습을 보이며, 친구들과 어울리지 못하던 아이가 리더가 되는 모습을 지켜보았습니다. 이런 변화들은 제게 큰 감동과 책임감을 동시에 안겨주었습니다.

교육의 본질을 되돌아보다

이 책을 통해 제가 모든 부모님들에게 전하고 싶은 메시지는 분명합니다. 공부가 중요한 것은 사실입니다. 하지만 운동이 공부보다 덜 중요하다는 인식은 바뀌어야 합니다. 운동은 단순한 취미나 여가 활동이 아닙니다. 그것은 아이의 전인적 성장과 미래의 성공을 위한 필수적인 요소입니다.

현대 교육에서 우리는 너무 쉽게 '공부'라는 좁은 통로만을 강조합니다. 하지만 진정한 교육은 아이의 신체적, 정신적, 사회적, 그리고 정서적 발달을 모두 포함하는 균형 잡힌 과정이어야 합니다. 운동, 특히 주짓수와 같은 활동은 이러한 전인적 발달을 가능하게 하는 훌륭한 도구입니다.

교육의 어원을 살펴보면 '이끌어 내다^{educare}'라는 의미가 있습니다. 진정한 교육이란 아이들 안에 이미 존재하는 잠재력과 가능성을 끌어내는 과정입니다. 그리고 이 과정에서 운동은 단순히 부가적인 활동이 아니라, 핵심적인 역할을 합니다.

저는 10년간의 경험을 통해 확신합니다. 운동은 아이들의 내면에 잠재된 가능성을 가장 효과적으로 끌어내는 통로입니다. 특히 주짓수를 통해 아이들은 자신의 신체적 한계를 넘어서고, 실패를 극복하며, 타인과 협력하는 법을 배웁니다. 이 과정에서 그들은 스스로의 잠재력을 발견하고, 자신감과 회복탄력성을 기르게 됩니다.

변화하는 세상, 변하지 않는 가치

　4차 산업혁명 시대, AI와 자동화 기술의 발달로 직업 세계는 빠르게 변화하고 있습니다. 미래에는 지금 존재하는 많은 직업들이 사라지고, 우리가 아직 상상하지 못한 새로운 직업들이 등장할 것입니다.

　이런 불확실한 미래에 우리 아이들을 어떻게 준비시켜야 할까요? 단순한 지식 전달과 암기 위주의 교육으로는 충분하지 않습니다. 아이들에게 필요한 것은 변화에 적응하고, 새로운 도전에 대응할 수 있는 기초 역량입니다.

　주짓수와 같은 운동은 이러한 미래 역량을 발달시키는 최적의 환경을 제공합니다. 주짓수 매트 위에서 아이들은 매 순간 새로운 상황에 직면하고, 문제를 해결하며, 파트너와 협력해야 합니다. 이 과정은 미래 사회에서 필요한 적응력, 창의력, 협업 능력 등을 자연스럽게 발달시킵니다.

　세상은 빠르게 변하고 있지만, 변하지 않는 가치가 있습니다. 인내심, 자신감, 회복탄력성, 타인 존중, 지속적인 자기 개발… 이러한 가치들은 어떤 시대, 어떤 직업에서도 중요한 기초 역량입니다. 그리고 이러한 가치들은 주짓수와 같은 운동을 통해 가장 효과적으로 길러질 수 있습니다.

전인적 성장: 조화로운 발달의 중요성

아이의 성장은 신체적, 정신적, 사회적, 정서적 영역이 균형 있게 발달할 때 가장 건강하게 이루어집니다. 그러나 현대 교육 시스템은 종종 인지적 영역에만 과도하게 집중하는 경향이 있습니다.

신체적 발달 없이는 건강한 정신적 발달도 어렵습니다. 고대 그리스의 철학자들은 이미 "건강한 신체에 건강한 정신이 깃든다"라고 말했습니다. 현대 신경과학 연구 역시 신체 활동이 두뇌 발달과 인지 기능 향상에 직접적인 영향을 미친다는 것을 증명하고 있습니다.

운동은 아이들의 뇌에서 BDNF(뇌 유래 신경영양인자)의 생성을 촉진합니다. 이 단백질은 뉴런의 생존과 성장을 도우며, 학습과 기억력 향상에 중요한 역할을 합니다. 또한 신체 활동은 전두엽 발달을 촉진하는데, 이는 집중력, 자기 통제, 의사 결정 등의 고차원적 인지 기능을 담당하는 뇌 영역입니다.

정서적 측면에서도 운동은 핵심적인 역할을 합니다. 신체 활동은 행복 호르몬인 엔도르핀과 세로토닌의 분비를 촉진하여 불안과 우울을 감소시키고, 전반적인 정서적 안정감을 증진시킵니다. 특히 주짓수와 같은 격투 스포츠는 감정 조절 능력을 기르는 데 큰 도움이 됩니다.

사회적 발달 측면에서 볼 때, 주짓수는 협력, 존중, 리더십 등의 가치를 자연스럽게 가르칩니다. 파트너와 함께 훈련하는 과정에서 아이들은 타인의 관점을 이해하고, 효과적인 의사소통 방법을 배우며, 공동의 목표를 위해 협력하는 법을 익힙니다.

이처럼 운동은 아이의 신체적, 정신적, 사회적, 정서적 발달을 통합적으로 촉진하여 전인적 성장을 가능하게 합니다. 아이의 진정한 잠재력은 이러한 조화로운 발달 속에서 꽃피울 수 있습니다.

부모의 역할: 아이의 잠재력을 믿는 힘

부모님들께 묻고 싶습니다. 아이의 미래를 위해 무엇을 해줄 수 있을까요? 더 많은 학원? 더 많은 과외? 더 많은 공부 시간?

물론 학업적 성취도 중요합니다. 하지만 그것이 전부는 아닙니다. 진정으로 아이의 미래를 위한다면, 그들의 전인적 성장을 도울 수 있는 환경을 마련해주는 것이 더 중요합니다.

운동, 특히 주짓수는 아이들에게 '나는 할 수 있다'는 자신감과 '포기하지 않는다'는 끈기를 심어줍니다. 이러한 마인드셋은 학업에서도, 인생의 다른 영역에서도 성공의 토대가 됩니다.

부모로서 가장 중요한 역할은 아이의 잠재력을 믿고, 그것이 발현될 수 있는 환경을 제공하는 것입니다. 아이가 힘들어할 때, 쉽게 포기하고 싶어할 때, "넌 할 수 있어"라고 말해주는 것, 그리고 그 말을 아이 스스로도 믿게 만드는 것이 중요합니다.

운동은 이러한 자신감과 믿음을 키우는 데 최적의 도구입니다. 처음에는 불가능해 보였던 기술이 연습을 통해 가능해지는 경험, 넘어져도 다시 일어나 도전하는 과정, 이런 경험들이 아이에게 "나는 할 수 있다"는 믿음을 심어줍니다.

부모님들께 당부드립니다. 아이의 단기적인 학업 성취만 바라보지 마시고, 장기적인 성장과 행복을 위한 토대를 마련해주세요. 운동을 단순한 여가 활동이 아닌, 아이의 미래를 위한 투자로 바라봐주세요.

10년의 경험이 말해주는 진실

10년간 주짓수 체육관을 운영하면서, 저는 수많은 아이들의 성장 스토리를 지켜보았습니다. 그 중에는 처음에는 자신감이 없어 말 한마디 못하던 아이가 나중에는 팀의 리더가 되는 경우도 있었고, 공격적이고 충동적이던 아이가 차분하고 배려심 깊은 청소년으로 성장하는 모습도 보았습니다.

이런 변화들은 하루아침에 일어나지 않았습니다. 그것은 매일매일의 작은 성취와 실패, 그리고 다시 일어서는 과정의 누적된 결과였습니다. 주짓수 훈련을 통해 아이들은 자신의 한계를 조금씩 뛰어넘고, 작은 성취를 맛보고, 실패를 극복하며 성장해나갔습니다.

특히 인상적이었던 것은, 이런 긍정적 변화가 단순히 체육관 안에서만 머무르지 않고 아이들의 일상생활 전반으로 확장되었다는 점입니다. 학교에서의 태도 변화, 가족 관계의 개선, 학업 성취도 향상 등 다양한 영역에서 긍정적인 변화가 나타났습니다.

주짓수를 통해 얻은 자신감, 인내심, 타인 존중의 태도가 아이들의 성격과 행동 방식의 근본적인 부분이 되어, 삶의 모든 영역에 영향을 미치게 된 것입니다. 이것이 바로 제가 말하는 '정신적 자산'

입니다.

이러한 정신적 자산은 일시적인 것이 아닙니다. 그것은 평생 동안 아이들의 삶에 영향을 미치는 귀중한 자산이 됩니다. 학창 시절의 좋은 성적이나 입시 성공은 인생의 한 단계에서 중요할 수 있지만, 끈기, 회복탄력성, 자기 규율과 같은 정신적 자산은 평생에 걸쳐 가치를 발휘합니다.

제 제자 중에는 이미 성인이 되어 다양한 분야에서 활약하고 있는 이들이 많습니다. 그들이 공통적으로 말하는 것은 주짓수를 통해 배운 가치와 태도가 지금의 성공과 행복에 큰 기여를 했다는 것입니다. 어떤 도전과 어려움 앞에서도 포기하지 않는 끈기, 실패를 두려워하지 않는 용기, 타인과 협력하는 능력… 이런 자질들은 어떤 직업이나 인생 상황에서도 중요한 자산입니다.

첫 걸음을 내딛는 용기

모든 여정은 첫 걸음에서 시작됩니다. 운동을 시작하는 것, 특히 주짓수와 같이 생소하고 도전적인 활동을 시작하는 것은 아이에게도, 부모에게도 용기가 필요한 일입니다.

처음에는 두려움과 불확실성이 있을 수 있습니다. "우리 아이가 잘 할 수 있을까?", "학업에 방해가 되지 않을까?", "힘들어하면 어떡하지?" 이런 걱정들이 있는 것은 자연스러운 일입니다.

하지만 모든 의미 있는 변화는 편안함의 영역을 벗어나는 용기에서 시작됩니다. 주짓수를 통해 아이가 얻게 될 자신감, 인내심,

그리고 다양한 정신적 자산은 초기의 불편함과 도전을 훨씬 상회하는 가치를 지닙니다.

부모님들께 말씀드리고 싶습니다. 아이의 잠재력을 믿으세요. 그리고 그 잠재력이 꽃피울 수 있는 환경을 마련해주세요. 운동, 특히 주짓수는 그런 환경을 제공하는 최적의 도구입니다.

아이와 함께 이 여정을 시작하세요. 처음에는 어려움이 있을 수 있습니다. 때로는 아이가 지치고 포기하고 싶어할 수도 있습니다. 그때 부모님의 격려와 지지가 아이에게 큰 힘이 됩니다. "넌 할 수 있어", "조금만 더 해보자", "함께 해볼게"라는 말 한마디가 아이에게 용기를 줄 수 있습니다.

그리고 무엇보다, 이 여정은 아이 혼자만의 것이 아닙니다. 부모님도 함께 성장하고 배우는 과정입니다. 아이의 작은 성취를 함께 기뻐하고, 도전을 함께 격려하며, 때로는 부모님도 새로운 활동에 도전하는 모습을 보여주세요. 이런 공유된 경험은 부모와 자녀 사이의 유대를 더욱 강화시키고, 평생 간직할 소중한 추억이 됩니다.

마지막 메시지: 지금 시작하세요

이 책을 마무리하며, 부모님들께 한 가지 질문을 드리고 싶습니다. 10년 후, 20년 후, 여러분의 아이는 어떤 사람이 되어 있을까요? 그들이 성장해서 어떤 가치관을 갖고, 어떤 역량을 가지고 삶을 살아가기를 바라시나요?

우리 모두는 아이들이 행복하고, 건강하며, 자신의 잠재력을 최대한 발휘하며 살아가기를 바랍니다. 그리고 그것을 위해 최선을 다합니다. 하지만 때로는 근시안적인 성취와 결과에 너무 집중한 나머지, 장기적인 성장과 행복을 간과하기도 합니다.

운동, 특히 주짓수는 단순한 신체 활동을 넘어, 아이의 전인적 성장과 미래의 행복을 위한 투자입니다. 그것은 건강한 신체뿐만 아니라, 회복탄력성, 자신감, 인내심, 협력 능력 등 삶의 모든 영역에서 중요한 정신적 자산을 길러줍니다.

이 책을 통해 전달하고자 한 메시지는 간단합니다. 운동은 아이의 미래를 바꿀 수 있는 최고의 투자라는 것입니다. 그리고 그 투자의 시작은 바로 지금, 여러분과 아이의 결정에 달려 있습니다.

주저하지 마세요. 아이와 함께 이 여정을 시작하세요. 처음에는 작은 걸음이라도 괜찮습니다. 그 작은 첫 걸음이 아이의 인생을 변화시키는 시작점이 될 수 있습니다.

지금 시작하세요. 아이의 미래를 위한 가장 소중한 투자가 될 것입니다. 운동은 단순한 취미가 아닙니다. 그것은 미래를 준비하는 가장 현명한 투자입니다.

공부머리보다 운동머리가 먼저다

발행일	2025년 6월 25일 초판 1쇄
지은이	최용우
펴낸이	황준연
편집 디자인	오형석
펴낸곳	작가의 집
출판사등록	2024.2.8(제2024-9호)
주소	제주도 제주시 화삼북로 136, 102-1004
이메일	huang1234@naver.com
연락처	010-7651-0117
홈페이지	https://class.authorshouse.net
ISBN	979-11-990621-0-8(03690)

· 이 책은 저작권법에 의하여 보호를 받는 저작물이므로 무단 전재와 복제를 금합니다.
· 파본은 구입하신 서점에서 교환해드립니다.